职场坦白局

SMALL TALK
IN THE WORKPLACE

 看清职场本质
轻松成事

水哥 | 著

北京联合出版公司
Beijing United Publishing Co.,Ltd.

图书在版编目（CIP）数据

职场坦白局 / 水哥著. -- 北京 : 北京联合出版公司, 2023.9
　ISBN 978-7-5596-7152-3

　Ⅰ. ①职… Ⅱ. ①水… Ⅲ. ①职业选择 - 通俗读物
Ⅳ. ①C913.2-49

　　　中国国家版本馆CIP数据核字(2023)第136574号

职场坦白局

作　　者：水　哥
出 品 人：赵红仕
责任编辑：夏应鹏

北京联合出版公司出版
（北京市西城区德外大街 83 号楼 9 层　100088）
北京时代华语国际传媒股份有限公司发行
三河市宏图印务有限公司印刷　新华书店经销
字数98千字　880毫米×1230毫米　1/32　6印张
2023年9月第1版　2023年9月第1次印刷
ISBN 978-7-5596-7152-3
定价：55.00元

序 一

写这篇序，我暗自琢磨了一段时间，原因有两点：

第一点，这是水哥在职场上取得成就之后，在媒体平台实现了帮助互联网求职者找到工作，帮他们进行了有效的职业规划后写作的第一本书。

第二点是于我而言，我非常荣幸能被邀请为本书作序。看到水哥在这本书中毫无保留地把自己多年经验分享给读者，用通俗易懂的话把复杂的职场生存法则讲明白，我深受触动。我相信，这本书在如今的经济形势下能有效帮助读者减轻内心的焦虑和压力，找到适合自己的就业方向，获得更好的职业发展机会。

本书的作者水哥，是我从事人力资源行业十几年碰到的难得一见的职场人。他对职场的理解很深刻，他给出的很多建议的专业程度甚至远超很多专业的人力资源从业者。

对学生而言，他们在读书的时候，并没机会学习关于职场的知识。因此，对很多学生来说，他们对自己所学专业的就业形势和发展的了解都十分有限，他们是非常需要专业人士为他们的职业发展指点迷津的。

学生朋友们只有在了解自己的专业和职业发展方向后，才有可能找到适合自己的就业方向，只有在掌握一些实用的就业技巧和策略后，才有可能提高自己的职业竞争力。这本书里提到了很多生动的案例，相信能让学生读者受到启发。

本书也能为已经身处职场的朋友提供一些非常实用的建议，帮助他们更好地应对职场挑战。例如，如何与同事、上司沟通，如何协调工作和生活的平衡，如何提高自己的职业素养和技能水平。水哥的建议将会为职场人士提供有力的帮助，帮助他们更好地适应职场环境，更好地展现自己的职业素养和形象，进而获得更好的职业发展机会。

我认为本书能让每一个面临就业选择和职场发展问题的同学有所感悟。我非常希望水哥能帮更多读者找到适合自己的职业目标，管理自己的职业预期，有效规划自己的职业发展路线。大家不妨来读读这本书！

樊登读书人力资源副总裁

张博士

序 二

第一次结识 Water 是在百度的办公室里，那时候他还是一家游戏公司的 CEO，来寻找和百度的合作机会。Water 是一个乐观开朗的 CEO，创业三年多遭遇各种艰难困苦从未放弃，这是很多大厂人并不具备的品质。

2022 年春节的时候，Water 告诉我他要出一本书了，我很是感动。这不仅仅是因为 Water 是一个有梦想的人，更难能可贵的是，Water 告诉了我他出书的原因：让每一个孩子都能低成本地看到职场的真相。

本书最独特的地方在于，Water 曾是一名 CEO，也担任过职业经理人，曾有过底层员工的经历，也见识过高层管理的残酷。可以说，Water 阅尽千帆，归来仍是少年。

在这个瞬息万变的职场世界中，职业规划的重要性日益凸显。职场常伴着挑战、困惑和障碍。在这个时候，《职场坦白局》这本书为我们提供了一个洞察职场真相的窗口。

这本书以坦诚和直接的方式，揭示了职场中的各种现实问题和挑战。Water 作为一位经验丰富的职场"老人"，分享了他在职业生涯中所面对的挑战和成功，并从中汲取了宝贵的经验教训。他的真实经历和智慧洞察将为读者提供宝贵的指导和启示。

《职场坦白局》不只是一本讲述成功故事的书，更是一本指点读者如何应对职场挑战和逆境的宝典。Water 通过深入剖析各种职场景象，如沟通冲突、领导挑战和人际关系等，给出了实用的解决方案和建议。这本书不仅关注个人职业发展，也关注团队合作和组织文化的影响。

我认为，《职场坦白局》的独特之处在于它真实而接地气的风格。Water 以幽默和深思熟虑的方式，让读者产生共鸣，鼓鼓励他们在职场中坦诚面对困难和挑战。这本书将为读者提供实用的工具和策略，帮助他们在职业生涯中获得成功和满足。

最后，我衷心地祝福我的兄弟 Water 完成了这部意义非凡的作品。我相信，《职场坦白局》将成为职业规划领域内一本重要的参考书，为读书人带来启发和帮助。祝愿此书取得巨大的成功，同时对广大读者的职业生涯产生深远的影响。

百度前副总裁

灵犀科技 CEO

曹晓冬

前　言

水哥，大学选什么专业最适宜？

要问我给家长或学生做职业规划咨询时最怕被问到什么问题，非这个问题莫属。但这也确实是一个绕不过去的问题。

你可能会觉得这个问题很好回答，看校园招聘的行情就能一目了然。今年位居校园招聘薪资待遇前列的是金融、互联网、芯片、新能源这四个行业。如果你觉得只要和这四个行业对口的专业就是赚钱的专业，那么你想得可能太简单了。

这个问题其实真的很难回答！

对于一个家庭背景一般的"二本"学生来说，学金融专业真的是他们的最好选择吗？一个善于沟通但是物理学科较弱的同学，真的适合学习微电子吗？

职业规划是因人而异、极具个性的，没有一个可以照抄的标准答案。每个人都要根据自己的情况来做选择。

有的人家境优渥，他们可能想追求稳定清闲的工作；有的人家里给不了太多支持，他们想靠自己闯出一片天地；有的人最爱钻实验室，他们的理想工作是最好不用和人打交道的；有的人讨厌安静，哪里人多他们就爱往哪里钻。这样的例子不胜枚举，可以说在真实的职场上不存在万能的标准答案。

除了这个问题，很多家长和学生还爱问：什么专业好就业？什么工作最稳定？

想找钱多事少离家近的工作的想法无可非议，然而这样笼统的问题并不能帮我们找到答案。

我们之所以喜欢问这些概括性的问题，其实是因为犯了"脸谱化"的毛病。

脸谱化是指我们倾向于通过一两个词来概括一件事情。比如我们会用"好人""坏人"来判断一个人，会用"好"和"差"来评价一份工作。但不同的人站在不同的角度看问题，得出的答案会有很明显的差别。

比如，有人认为一个需要通宵达旦加班还挣不了太多钱的工作是一份糟糕的工作，却有很多人热爱这样的工作。

2021年我担任了蝴蝶互动CEO，当我完成简单交接开始找核心团队谈话时，我的办公室突然进来一位老大爷。

这位老大爷头发花白，戴着一副复古的小框眼镜。老大爷进来后跟我说："水哥好！"

我第一时间怀疑这位老大爷是公司的保洁，但转念一想，公司的保洁全是阿姨，于是问："您是哪位？找我有什么事？"没想到对方答道："水哥，我是×××，服务端组的负责人，您不是叫我过来喝茶吗？"

我呆住了，这是我们服务端的技术负责人？他恐怕比我妈年纪都要大！在我近十年的从业经验中，还真的没见过岁数这么大的。我当时压抑住了自己内心想要吐槽的冲动，没想到后边发生的事更让我吃惊。

这位老大爷出生于 20 世纪 60 年代，已经快 60 岁了。大爷在 20 世纪 80 年代的时候考上了哈尔滨一所大学的计算机专业，可以说是中国最早一批学计算机的人。大爷毕业之后被分配到了一家国企工作，原以为自己的人生就这样了，没想到一款在 2001 年问世的游戏改变了他的一生。这款游戏的名字叫《传奇》。

当时《传奇》可以说是风靡全国，在网吧无人不识、无人不晓。（当时的《传奇》并不是大家现在看到的传奇游戏。）

正值中年的他迷上了《传奇》，甚至为了这款游戏直接辞掉了国企的稳定工作，学起了游戏代码，希望能加入出品这家游戏的公司。

后来，大爷实现了他的目标，并成为一名游戏开发工程师。于是就有了今天的会面，大爷参与了蝴蝶互动的创业历程，成了开头让我内心无比诧异的老大爷。

我带着内心的触动问道："叔，现在团队加班严重吗？战斗力怎么样？氛围怎么样？"大爷答道："加班还是挺多的，昨晚我们发新版本，大家工作到凌晨4点多。"

我听到这话，茶杯差点掉地上，快60岁的人了加班到凌晨4点多？

于是我恳切地说："叔，您现在身体感觉还好吧，从今天开始，您可得减少加班了，回家后也不要参与工作了！"大爷一脸委屈："咋了？水哥是觉得我不能胜任吗？还是觉得我老了？"

我忍不住直说了："叔，您说，万一您出点啥事怎么办？您要是缺钱，可以提要求！"

大爷答道："你搞错了，我虽然不是大富大贵，但在上海也有几套房子，老婆孩子也移民了，没有什么经济压力，我努力工作并不是为了钱。"

我困惑了："那您现在还这么拼，图个啥？"

大爷不好意思地扶了扶眼镜，说："其实也没什么，我就想做一款我自己爱玩、玩家也喜欢的传奇游戏！"

我被大爷深深折服了。

大多数人面对加班都是痛苦的，而大爷却乐在其中。那么我不禁想问你：你工作时开心过吗？

扪心自问，在我们的人生中，有多少选择是因为热爱？我们向"稳定"屈服，被别人的眼光影响，向"金钱"投降。在这个过程中我们真的开心吗，还是每天都在压抑自己离职的冲动？

我们在狭窄的胡同中奔跑，路越走越窄，越走越难走。当我们想要回头时，却发现已经积重难返了。

这就是我写这本书的理由。我希望你能成为那个开心的"大爷"，拥有40年快乐的职场体验。

快乐的工作能带给你心流的体验，而只有心流体验才能引导你走向成功！

人活一世，实属不易。如果工作只能给你带来痛苦而非喜悦，又谈何成功呢？

目 录

第一章

你可以成为
改变世界的人

1. 不要限制你的发展高度

我很欣赏桥水基金的创始人瑞·达利欧。达利欧在他所著的《原则》一书中写道：让热情与工作合二为一，是成功的关键。

2022 年，达利欧在对话红杉资本全球执行合伙人沈南鹏的时候，再次提到了这个话题："如果说我有什么能给中国年轻人的建议的话，那就是寻找你的热爱，并把热情与工作合二为一吧！"

可能你会有这样的质疑：热爱能当饭吃吗？热爱能让我有一份稳定的工作吗？

很多人都觉得提倡热爱和热血鸡汤没什么两样。但其实，保持热爱，同样可以挣到钱。

我有一个学妹和我一样就读于公共事业管理。我认识她后发现，她是个十足的"社牛"，每天都要拍好看的照片，发朋友圈，跟大家分享她的日常。当时我还和一个学弟吐槽她：

"这个学妹的朋友圈每天至少 10 条起步！"

你是不是觉得这和工作挣钱毫无关系？

可她后来挣到了很多钱，靠的就是这份热爱。

这位学妹不满足于只在朋友圈分享，她开始拓展到微博。时至今日，她已经是一位坐拥 300 多万粉丝的知名博主了。

如今的她开设了自己的工作室，还有了自己的团队。这份基于快乐的工作，给她带来了丰厚的物质收获。

你是不是也想这样？做喜欢的事，赚足够多的钱。

那么，为什么我们总是很难将自己的热情与工作合二为一呢？一个很重要的原因就是我们对于工作的定义太局限了。

首先，我们被刻板印象所局限。

相信我，每个人都有自己的刻板印象，谈到对工作的刻板印象更不必说。比如谈到稳定，我们就会不自觉想到公务员、国企和央企；一聊起高薪、裁员，我们就会不自觉想到互联网大厂；一谈到新媒体行业，很多人的第一反应都是主播、打赏。但我们却不知道，这些下意识的想法，只是整个行业大框架中的一个小环节而已。

那么，你可能会问工作是什么，以及如何正确理解职业？

在我看来，所谓工作、职业并不是一成不变的，但是它们由一个共同的因素决定——社会需要。

每个时代、每一年甚至每一天都有新的职业诞生。20世纪初，我们没有程序员这个职业；10年前，我们没有MCN直播运营这个职业；1年前，很多人都不知道有个职业叫"陪诊员"。职业的诞生只遵循一个逻辑——你所做的事是否被社会所需要。

也就是说，只要你做的事是对他人有帮助，被这个社会所需要的，那么这件事之后一定会发展为一个职业。如果你能率先发现这件事，成为第一个吃螃蟹的人，就能引领潮流。

其次，你还会被所学的知识所局限。

前段时间，一位学土木工程专业的女生来找我做职业规划。这位女生很想转行，不只是因为就业环境和她的心理预期有很大出入，也因为目前用人单位在这类岗位上确实也有自己的性别倾向。然而即使她有很强烈的转行愿望，我们的对话依然很难进行，她反复问我一个问题："水哥，你说我一个学土木工程的本科生，毕了业能做什么？"

尽管我列举了很多方向，但都被她一一拒绝了。

于是我尝试让她换个行业或者赛道想想，可是她又陷入了另一难题："我没法换啊，我学的就是土木工程啊！"

更抓狂的是在一段时间的沉默后，她还问我："水哥，你说我土木工程本科毕业的，能去干什么呀？"

我决定帮她打破这个循环："不要再说什么土木了，你就当大学四年没学过这个专业，完全把它舍弃，你告诉我，你最喜欢干的事情是什么？"

那个女生呆住了，过了好久才不好意思地说："我爱刷抖音，可是这能算工作吗？"

"当然能！"我斩钉截铁地告诉她。然后我给她详细介绍了新媒体行业，什么是MCN机构，短视频赛道都有哪些职位，哪些职位适合她的性格特点。

如今这个女生就职于一家新媒体公司，从后续她发布的状态中能发现，虽然她也加班，但是字里行间透露的都是她的开心与充实。

也许我们每个人都有自己的围城，我们之所以找不到方向，可能是因为我们困住了自己。如果此时有个旁观者帮你把城墙拆掉，你就会豁然开朗。

学历越高的人越容易被自己所学的专业困住。经济学上把这点解释为是由"沉没成本"造成的。也就是说，虽然我们发现一个东西不适合自己，但我们却因为已经付出了一些努力无法回头而选择将错就错。

我和很多对此感到苦恼的硕士、博士聊过这个话题，我问："你们不喜欢这个专业，为啥还要读硕士和博士啊？"

你猜他们说什么？他们的回答出奇一致："没办法呀，我本科学的就是这个。"

可见，思维的局限并不只是影响工作！

我经常会问找我咨询的人一个这样的问题：你是要对你过往4年的学习负责，还是要对你未来40年的职场幸福负责？

从沉没成本角度上说，专科甚至学历略低的同学反而更有优势，因为他们的沉没成本更低。我的一个很好的朋友，就是经典的逆袭案例。

超哥是一个普通家庭的孩子，他只读过中专，据说还是肄业。超哥在16岁的时候就出来工作了，他的第一份工作是绝大多数同学都不愿意干的餐厅服务员。

当年的超哥头脑不太灵活，还不太会说话，在餐厅里只会傻乎乎干活，没有任何特别之处，只是比别人更认真一点罢了。

一段时间之后，他的老板和老板娘发现，这个小伙子年轻还踏实肯干，于是开始关注他，甚至收他为干儿子，慢慢把超哥提拔成骨干。

后来，超哥的干妈前往上海创办广告公司，也带着超哥一同前往。而超哥知道自己学历低，能力也不够，于是再次从底层干起，这次他的职业是广告销售。

再后来，超哥转行去做游戏，从客服做起，转型到用户运营，做到运营总监，一直做到了公司副总裁。这可以说是他当初做梦都不敢想的路。

梦想照进现实，世间美妙莫过于此。

有一次我们几个朋友喝酒，借着酒劲，让超哥翻出当年的旧事聊聊。我问了超哥一个问题："超哥，这么多年，你为啥总从底层干起，还能一步步爬上来啊？"

超哥笑了笑说："我知道我啥也不是，所以没啥包袱。但我觉得大哥们不会坑我，我好好干，努力就完事了，有事我顶上，绝不掉链子，就这么简单。"

我们总是高估了瞬间决策的重要性，而低估了十年坚持的重要性。

除了超哥，我身边还有很多朋友虽然学历不高，但他们的职位并不低，甚至做成了别人眼中的大事。我的两个创业合伙人，一个是专科学历，学汽车维修出身；另一个是本科学历，学新闻传播专业的。有时候在职场上能天马行空地思考，并不是因为灵感够多，而是束缚够少罢了。

我们不必局限于专业，也不必局限于学历，不必局限于城市，甚至不必局限于性别。重要的是你要去追逐你的热爱。

只要你的热爱能对社会有价值，那这份工作也一定会给你带来你想要的。

这也是我常说的一句话：学什么并不重要，重要的是你想要做什么。

但是，你可能会质疑：热爱真的有那么大的力量吗？

当然不是，我并不擅长熬鸡汤，所以在下一章节，我将讲述我的"人生法宝"，它帮我渡过了我的人生难关，使我迎来了我的辉煌时刻。

2. 职场思维高度决定了你的最终成就

让我们一起玩一个游戏吧。

假设你是一名公司的普通员工，听说公司最近要裁员。一天早上，你迟到了！你本打算偷偷摸摸溜进公司，结果正巧被领导抓个正着。领导当着众人直接对你发飙了，吼道："能不能好好干，不能干给我滚！"

请问，此时你该怎么办？

我猜你可能会这样想：领导有什么了不起的！我不就是迟到了一会儿吗？有必要这样吗？老子不干了！

于是你把辞职信甩到老板脸上，爽到极点，心里十分得意：看看，我把老板炒了！晚上找上几个好友喝点小酒，拼命吐槽前东家和无良老板，你心里觉得实在是太爽啦。那么在这之后呢？你是选择从此"躺平"在家，还是重回职场忍受屈辱？对于大多数人来说，大概率还是要出来打工，就算是家里有钱的人，恐怕也很难在家闲得住。于是你很容易进入这样一个循环：入职，发现老板和公司的无良之处，辞职，换工作，发现老板和公司的无良之处，再辞职，直到你再也折腾不动，找不到合适的工作。

我想问：难道这就是你想要的人生吗？

你肯定不承认这是你想要的人生，但你心里也确实委屈：难道他都这样对我了，我还不能发泄一下自己的情绪吗？

当然可以，谁都有发泄情绪的自由。但我们不妨换个角度思考：为什么自己总是很冲动的那个人，而别人却总能处变不惊？

那是因为你被环境绑架了。

我们每个人都生活在不同的环境当中，就算是处在相同的环境中，每个人对待环境的看法也不同。

比如同样是出身贫寒的孩子，有的孩子会认为因为自己的原生家庭很一般，所以更要加倍努力，而有的孩子却认为反正自己没有背景没有指望，随便讨口饭吃就行了。

这种认知的差异，被一个著名的人类学家格雷戈里·贝特森描述为"NLP 思维层次"，即每个人对待同一件事，都有不同的认知。

在 NLP 概念里，越是认知程度低的人越容易被环境影响。这类人无论是在生活中还是职场上都十分痛苦，他们很容易觉得上天不公，人生不值得。他们心里最常见的想法就是：这都是你们的错！

在网易工作的时候，我的老板（集团高级副总裁）要求我代表团队每周发一次周报。我们通常会认为周报这种形式主义的产物没有人会关注，突然有一天，我的老板竟然回复了我的周报内容，并且很细致地询问了几个问题。

我立刻组织团队进行了二次复盘，更新了数据，随后认真回复了邮件。

我本来以为这件事这样就过去了，万万没想到，这样一件小事，却影响了团队中小伙伴的工作状态。

一周后的某一天，在我和团队成员一起在食堂吃饭时，一个同事忧心忡忡地问我："水哥，咱们不会被裁掉吧？"

我一下子愣住了，难道他知道什么我不知道的消息吗？于是我问他："你从哪儿听说的，消息准确吗？"

他说："没有没有，我没有听到什么消息，我在想，大老板之前都没有回复过我们团队的周报，上周突然回复了，是不是对我们的工作不满意啊？那要是这样，我们是不是会被裁掉啊？"

这段话让我哭笑不得，原本以为有什么惊天秘密，结果仅仅是无端猜疑罢了。于是我笑着说："这都是上周的事了，我自己都忘了，你竟然还记在心上；而且老板通过邮件询问工作进度，是非常正常的情况呀。他要是一直不问，我们不是更应该担心吗？"

不知道大家的日常生活和工作中，是否也存在类似的情况——总是被周边环境影响你的情绪与决策？

比如三个人干同样的工作，如果自己是奖金拿得最少的那个，就容易怨天尤人。如果同事出去吃饭没有叫你，你就会觉得大家在孤立自己，针对自己。如果被老板当众批评了，可能心里能不爽一周，甚至从此再也不想见到他。

以上情况，是不是曾多次发生在你身上？这就是因为环境在你身上产生了聚光灯效应。

聚光灯效应，顾名思义，就是有一束强光在你的头顶照耀着你。简单来说，就是你总觉得，这个世界应该围着你转。

老板骂你，你觉得是因为老板针对你。发信息给老师，老师几天没回复，你就会认为老师讨厌你。那你自己有没有忘记回复别人信息的时候？难道也是因为你讨厌他吗？其实更多的时候，当事人只是忘了回复，或者以为自己回复了而已。

如果你曾有过类似的经历，其实是因为你觉得身边人的喜怒哀乐、行为举止都应围绕你进行，那你真的想多了。

想要摆脱这种痛苦，就要逃离环境的绑架，避免这样的思考方式。

那比环境思维更好的思维方式是什么呢？我们称之为"行为"。

什么叫行为？就是你可以客观地看待当下的问题，并且认识到自己的错误。

回到我们开头设置的游戏情景——平心而论，你是不是迟到了？

因为你迟到了，所以领导批评你是正常的。也许领导在言语上确实有点过分，但这也仅仅是细枝末节而已。

如果你能客观地认识到自己的错误，就是在"行为"层次上思考问题。拥有这种思维模式的人也很容易在职场上持续进步，得到提升。

人非圣贤，孰能无过？过而能改，善莫大焉。我们不怕犯错，怕的是不认错。即使是被别人误会了，我们也可以秉承"有则改之，无则加勉"的空杯心态，只有这样才能让自己始终通过"行为"层次来思考，让自己能听得进别人的意见，持续进步。

我曾见过太多不如意的人，他们都有一个共同点，就是喜欢文过饰非。他们在遭到批评的第一时间（有时仅仅是友善的建议），都是在想如何维护自己的尊严，表现在行动上，就是他们会急不可耐地反驳对方，强行为自己解释。

在和我连线过的同学里，只要说到为何没考上研究生，几乎他们都会解释为：我当时生病了，我那天身体不舒服。但很少有人会承认自己没有好好学习，没有好好努力。

苍白的解释只能维护住你脆弱的自尊心，不能解决你的问题。

承认自己的无知与弱小，才是你进步的根源。无知不是你生存的障碍，傲慢才是。

我有一个3分钟原则，那就是：无论别人说的话多么离谱，请认真听他说3分钟。这3分钟你要反思自己是不是存在认知局限，而不是想着如何去反驳他。

有了这样的"行为"思维，你才能承认自己真的会做错事，才有可能想着努力改变"环境"。

很多事情，并不是靠认错和努力改正就能解决的。我们常说，选择比努力重要，这说明"行为"层次的认知方式也许能解决一些细节问题，但并不能解决根本问题。

比如，如果你想考清华大学，难道仅仅靠认识到自己不够努力（行为）然后加倍努力就能实现吗？大概率是没什么希望的。行为上的努力如果没有搭配方法论层面的思考，很容易事倍功半。

问题的关键并不在于你是否努力干，而在于你怎么干。

面对任何事，都能第一时间去剖析事情背后的逻辑与原因，这样的思维方式，我们叫作"能力"层级，也就是我们常说的，你对待这个世界的方法论是什么。

回到前边的游戏，环境层面认知的人可能会选择直接裸辞，宣泄情绪；行为层面认知的人可能会认识到迟到是不对的，表示以后会多注意。而从能力层面思考问题的人，会试图回答这样一个问题："我为什么会迟到？老板为何当众怒斥我？"

如果在过往的工作中，你并不是一个经常迟到的人（否则早就被开除了），你的领导也不是一个情绪暴躁的人（否则你早就离职了），那么今天为什么会出现这样的窘境呢？

真实的原因可能是你昨晚没睡好，而你没睡好的原因在于你受困于裁员传闻。这种环境造成的恐慌影响到了你的日常生活。那么你的老板今天呵斥你的背后，是不是也隐藏着别的动机？

想清楚这些事之后，你就可以思考一个更值得思考的新问题：当下公司的困境是行业困境，还是公司困境？

如果目前的困境是全行业的困境，那么你此时不应该考虑是否要跳槽，而是考虑是坚守在公司（毕竟其他公司也遭遇了困境），还是选择转行（你必须考虑机会成本问题）。

如果当下的困境是你这家公司的困境，那你就要判断困境是否会过去，自己的坚守是否值得，如果跳槽是否有合适的机会。

只有思考清楚这些问题，你才能心平气和地面对当下的困境，睡得着觉，平静对待领导的"挑衅"。也就是说，如果他是为了省下赔偿金有意逼你走，你会让他得偿所愿吗？

这就是一种思考问题的能力，在NLP思维层级中叫作能力层级，我称之为"看待世界的方法论"。

我的学员中，有一个"二本"的学生通过校园招聘成功入职了某互联网大厂。他既非科班出身，也并非运气爆棚。如果非要给他的故事加一个注解，那就是他是一个逻辑思维能力很强、能够抽丝剥茧解决问题的人。下面是他的自述：

我的目标是毕业之后能进入互联网行业，但是我的学历太差了，走常规校园招聘我肯定进不去。那我就得不走寻常路。除了校园招聘这条路，还有实习转正这条路，就算等实习结束后我没办法转正，有了在大厂实习的经验，我总有机会找个中等规模的公司。但是以我这个学历，想进大厂实习都难，所以实习也要不走寻常路。我需要大厂的前辈们帮助我，可是我如何认识这些人呢？我发现深圳经常会举办一些行业论坛，参加门槛也不高，报名就行，所以一到周末我就去论坛里认识朋友，他们都比我强，将来都是我的贵人。从大一到大三，我在各种论坛中结识了不下 100 个大厂的前辈，得到了不下 10 家公司的实习机会，最终在校园招聘时得到了自己想要的职位。

当他把这个故事讲给我听的时候，我问他："你已经很厉害了，你想找我咨询什么问题呢？"

小兄弟展现了他职场人的微笑，说："我暂时没有什么问题，但我知道，花这么点钱，交到水哥这个朋友，是很值得的，所以，我诚心来拜访水哥，希望将来能跟您学到更多知识。"

我相信这样的人，未来不会担心什么职场年龄危机，这是一只极度开放、善于联系他人的"潜力股"。

你身边有这样思考问题的人吗？是不是发现自己打开了新世界的大门？原来我们可以高屋建瓴地去看待周遭发生的一切，所有的纷乱复杂都会变得简单易行，就像你站着天桥上看着下面拥挤不堪的路口，走过街区时就会显得那么从容。

掌握能力层级思维方式的人，在职场中往往可以升到不低的位置。他们总是能冷静控制自己的情绪，不冲动、不盲目、不焦躁地做出最合理的判断。如果你能成为这样的人，千万级别的财富已经指日可待了。

　　能达到能力层级的人已然是凤毛麟角、万里挑一。可是能力并不是万能钥匙，它打不开世界所有的大门。当我们面对人生重大决策的时候，当我们的能力可以同时掌控两件事的时候，我们又该如何取舍呢？

3. 你并不确定自己想要什么

鱼我所欲也，熊掌亦我所欲也，二者不可得兼，舍鱼而取熊掌者也。

对于优秀人才而言，职场的痛苦往往并不来源于具体工作，而是来自选择困难。当你身处一个上市公司总监的位置，现在有一个不错的创业机会，你要不要去创业？当你被迫换了一个新老板，你是主动靠近，还是选择跟着前老板离开？

这种选择是一种幸福的烦恼。就像一个考200分的同学，他因为没得选，反而很轻松。而一个考了700分的学霸，却很容易在一众名校中迷失。

选择为何会让人痛苦，因为你不确定你的价值观。

我特别笃信一句话：除了生老病死，一切烦恼都来自你的价值观。

有人看到这儿，可能会嗤之以鼻：看看，要开始"炖鸡汤"了对吧，要给我讲大道理了对吧？

其实并不是这样。

首先我们要理解，什么是价值观。用一句话概括就是：在你看来什么事是最重要的？

有些人很看重钱，他们工作就是为了钱。所以老板发奖金，他们就愿意卖力干活；如果没有加班费，就一分钟都不想多待。

有些人很看重面子。我做咨询的时候见过很多家长，宁可让孩子去国企做外包，也不想让孩子去私企当正式员工。仅仅是因为国企说出去有面子。

有些人很看重公司文化。这种人主要集中在年轻人比例高的公司。比如有的人就是因为认同公司的二次元氛围，所以决定待在某一家公司。

你可能心里会打鼓：这么看，似乎价值观也没有什么特别的，层次也没有多高。

如果你真的这么认为，那么我想问你一个问题：如果只能选一个，你要什么？

很多人立马回答：我要钱！

于是我就会问他："今天你的职场烦恼影响你挣钱了吗？如果不影响，你为何还如此忧虑呢？所以你真的只要钱吗？"

我们之所以会感到自己在左右摇摆，都是因为我们没有固定的价值观，总是这山望着那山高。

你想要挣更多的钱，就必须放弃稳定；你想要稳定，就不要想挣更多的钱；你想要宽松的环境，就必须接受被竞争者淘汰；你想要快速上升，就别抱怨工作的苦与累。

有人可能会想：我就不能贪心一点，什么都要吗？

那我只能告诉你，还真不行。钱多事少离家近的工作只存在于想象中。

很多人曾对我说："水哥你挣钱太容易了，每天直播聊天，年入几百万。"

他们不知道的是，我在一年中只有大年三十和正月初一才会休息。每天工作时长超过 14 个小时，经常忙得只有 5 分钟的时间吃饭。

还记得我在前边讲的"网红"学妹的故事吗？让我们以此来深度剖析一下她为什么可以成功。

假设学妹做自媒体之初就掺杂了很多目的，那么事情的发展就会走向另外一条路。那就是她一定会变得非常焦虑。

当一个人做自媒体的时候，她想红想挣钱想轻松想自由。无论她怎么想，都会面临一个尴尬的局面，那就是永远不知道怎么才能完成所有的目标。

一个取悦自己的人发微博，想的是自己记录美好瞬间。

一个取悦别人的人发微博，想的是让别人来关注他、打赏他，购买他橱窗里的产品，或者找他付费打广告。

前者很容易得到大家的喜欢，自然而然就收获了关注；后者全是私心杂念，大家不愿意被套路，效果自然难如人意。

结果自然是粉丝不见涨，自己的情绪却越来越差。

久而久之，你就会变得越来越焦虑，越来越沮丧，甚至开始逃避和厌恶在社交媒体上做分享，最终自然无法达到你的目标。

真诚永远是最好的方法，学妹因为单纯地热爱分享成为大网红，而我也是如此。

有很多同行问我："水哥，你直播间怎么那么火，我听说你从来不投广告，是怎么做到的？"

我总是很真诚地告诉他们："原因很简单，因为我真的想帮到迷茫的人。"

虽然他们并不相信，但这是我的心里话。

我经常在直播间阻止一部分家长或者孩子买我的课："我的课你不要买，对你没有帮助。"我也会在他们需要我帮助的时候，果断告诉他们："你现在赶紧拍我的咨询，约我时间，再晚就很麻烦了。"

阻拦别人购买我的课程，虽然让我失去了很多订单，却让我收获了大批粉丝。我直播间的人气越来越旺。当我告诉真的需要我帮助的人去下单的时候，他们也更愿意相信，因为他们知道，我不会跟每个人都这么建议。

而这一切的前提在于，我很清楚，我的价值观只有一个，那就是尽力帮助那些需要帮助的人。

我的判断标准只有一个，就是这个人是否真的需要我的帮助。我不会考虑今天要挣多少钱，也不会考虑今天在直播间该如何讨好观众（所以很多人说我是"毒舌"），更不会想着如何欺骗大家。

你想要的越多，你得到的就越少。

创业是件简单的事情，而我们往往把它搞得很复杂。工作也是非常简单的事，就像稻盛和夫在《活法》中所说："我们之所以感觉到痛苦，是因为我们有了太多的私意。让自己变得简单，把价值观聚焦到一个点上，就是给自己减负，也是让自己聚焦的过程。"

出版社的编辑老师找我聊这本书的时候问我："水哥，你为什么要写一本关于职业规划的书啊？"

我当时说："因为很多人想约我却约不上，而且约我的价格确实有点贵。我不希望有需求的孩子失去被我帮助的机会。我把我有价值的内容写进去，他们看懂了就能帮到他们了。"

我公司的愿景同样遵循了我的价值观：每年帮助至少一万名年轻人找到职业方向。

　　这就是价值观的力量。它让你变得纯净、坚毅、有目标感。你始终知道自己该干什么，不该干什么。你不会贪得无厌，什么都想要。从此你的人生再无羁绊，眼中只有远方的高山，再无脚下的泥土。

　　这样你心中始终会想着那个最重要的目标，也就是你人生的北斗星。

　　所以回到一开始我问你的问题：你到底想要什么呢？

4. 你可以成为改变世界的人

王尔德曾说：人生有两大悲剧，一是得不到我们想要的，二是得到了想要的。

悲观主义大师叔本华也曾表示：人生就像钟摆，总是在痛苦和无聊之间逡巡。所以人生不值得。

价值观思维层级也并不是万能的，因为价值观强调的是得到，而得到带来的幸福并不会持续很久。

不妨回忆一下：在你得知考上心仪的大学后，你一共开心了几天？

目标很重要，但目标一旦实现，就很容易让人因为失去方向而坠入深渊。

你因为什么得到，就会因为什么失去。

如果你想做成一件大事，价值观层面的思维方式已经足够。但如果你想获得内心的安宁和幸福，就需要去攀登更高的思维高度。

比价值观更有力的思维层级，叫作"身份"。

什么是身份？简单地说就是"你是谁"。

我经常问我身边的小伙伴们：你想在你的墓志铭上写点什么，证明你曾经来过这个世界？

一个还了 30 年房贷的人？一个好爸爸好妈妈？一个孝顺的孩子？一个老实的打工人？还是什么别的身份？

也许你从来没思考过这个问题，但请你从今天开始思考自己为何而活。

我这一生接触了不下 10 万个人，能与我产生交集的不下 2 万人，能和我成为朋友的不下 500 人。

但能想清楚自己是谁的屈指可数。我算其中一个。

2014 年，新浪微博上市，作为新浪的员工，我见证了微博的成长与辉煌。微博上市后我给自己立了一个小目标：未来 10 年，我也要做一个属于自己的上市公司！

2014 年底，我接到了腾讯的面试邀请，我的面试官（我后来的直属上司）问了我一个"走过场"的问题：你为什么想要来腾讯？

相信很多人会回答：因为我喜欢腾讯 / 因为我想做产品经理 / 因为我想学习。

只有我的回答让面试官笑了：两年后，我要自己做老板！

面试官并没有追问我，当时的他可能觉得这就是个小屁孩吧，口气真大。

从2015年3月1日入职腾讯，我就为这个目标全力以赴：我开始学习如何做好产品，如何优化体验，如何带领团队，如何成为领导，甚至我还学习了很多投融资、公司经营方面的知识。

那时候腾讯大厦22楼的灯，我关了很多次，因为等我要走的时候人几乎都走光了。我见过凌晨4点的深圳，也吃过腾讯周末免费的午餐与晚餐。我的日常开销变得非常少，两年时间我攒下了一些钱，算是为创业做了一点储备。

2017年2月28日，我从腾讯离职创业，我的领导问我："阿水，你现在在公司春风得意，职位给你升了，钱也涨了不少，股票也给你配了，咋想不通还要离职创业啊？"当时我回答说："老板，你还记得我两年前跟你说的话吗？我要自己做老板！现在我有机会，我觉得我可以，所以我必须出去创业！"

为了这次创业，我大概放弃了400万元的财富和500万元以上的机会财富（如果我不去创业三年，继续在腾讯工作的大致收入）。

为什么我可以放弃钱，并不是因为我不缺钱，事实上我非常缺钱。我身边的朋友都知道，我出身贫寒，单亲家庭，母亲重病，大学贷款读书。在价值观层面，我对于钱是非常看重的。

但在身份层面，我知道我是一个老板，我不能一辈子打工。

这就是 NLP 思维层级的厉害之处，每攀升一个层级，你就会踏上一个新的台阶。

同样是发年终奖，环境层面的人考虑的是凭什么有人发的比我多，我不开心；行为层面的人想的是我还要更努力，争取明年拿更多；能力层面的人认为年终奖不仅仅是个人绩效的结果，更与公司发展息息相关，所以要更加重视行业状况；一个把终身成长作为价值观的人会更在乎未来的成长性，而不会在乎当下几千块的得失。

但对于一个身份认知为老板的人来说，他思考的却是：如果我是老板，我该如何发放年终奖，从而最大程度调动员工的积极性？

我当时真的是这么想的。我把我的想法跟团队几个技术人员分享之后，他们还笑话我：水哥就是不一样啊，想的都是怎么发年终奖。

心理学上有一个理论叫作"自证预言效应"，大意就是：你认为你是什么样，你就会变成什么样。

每当我说起过往的经历，告诉大家"学渣"也可以成为高管的时候，总有人跳出来说：别给我们灌鸡汤了，那是你运气好。

这句话的潜台词其实是：我不行，因为我是学渣，所以我做什么都不行。我很想对这样的朋友说：你要不要试着大胆一点，想想自己未来是一个行业牛人呢？梦想总是要有的，万一实现了呢？

时至今日，我仍然没有实现我的目标——上市公司CEO。我也深知，这个目标的难度极大。但谁知道呢，毕竟我才30多岁，未来的世界有一亿种可能在等着我去实践。

可能有人要问："水哥，你说的都是宏图大志，如果我的身份认知只是一个普通人，可以吗？"

当然可以！我在此篇开头就说过，身份认知得到的，不是事业上有多成功，而是收获平和的内心，能够与自己完美和解。

我在网易的时候，部门里有个1985年左右出生的员工。大多数人在她这个年纪都会变得非常焦虑，因为这个年龄段的员工普遍随时面临着被裁员的风险。

可是这位员工工作做完就下班，从来不刻意加班给我看。如果用一个词来形容她，就是云淡风轻吧。

很多人说，这不就是"躺平"嘛，有什么难的，我最擅长的就是"躺平"了！

可是你能做到与世无争吗？

这位员工入职 10 年，薪酬不高，职级被不断调整（越来越低），年终奖也是最少的。可是她从来不找我抱怨，面对我布置的任务，也能够按时完成。

我感到很好奇，于是在一次一对一谈话的时候我问她："你为什么好像对一切都满不在乎似的，是对升职加薪不感兴趣吗？"

她哈哈大笑："老板，我一个普通人，我只能说我想得很清楚，这份工作对我意味着什么。

"对我而言，最重要的事是做一个好妈妈。我有个宝贝孩子，她很小，我很爱她，我不会舍弃她去寻求工作上的突破。至于我的同事一个个升职加薪，走上人生巅峰，那是人家应得的，我羡慕，但是我不嫉妒。"

虽然她没有取得事业上的成功，但她却获得了生活上的幸福。我离开后，她被"优化"掉了，她没有像很多中年人一样，在社交媒体上吐槽老东家，而是默默回归了家庭，偶尔晒出和孩子出游的照片，悠然自得，乐在其中。

前段时间，我从老同事口中得知，她又拿到了一家业内的重量级公司的聘书，这真是一个好的结果。

我们这辈子，从小到大，总是在干一件事，那就是比较。小时候比分数，长大了比收入；年轻时候比谁更帅更美，年纪大了比谁更有钱更有权。自己的快乐和痛苦永远寄托在别人身上，而不是自己身上，永远关心自己是不是第一名，而不是考了多少分，学到了多少知识。

著名天使投资人纳瓦尔在他的《纳瓦尔宝典》中写道：没有人比你更擅长做你自己。你是谁，比你想成为谁，更加重要。所谓学我者死，似我者生就是这个道理。

身份认知之所以可以驾驭价值观，就在于身份的稳定性和不易获得性。比如，爸爸这个身份是相对稳定的，但好爸爸却是不易获得的，因为你永远不敢说自己是最好的爸爸，你只可能成为更好的爸爸，而不是最好。

确定你的身份，然后不断给你自己的身份投票。养成一个好的习惯也是靠这样的方式。我们常说优秀是一种习惯，这句话说的就是给自己的身份投票。

你可以先不断地告诉自己：我是一个爱读书的人。然后每天去图书馆看 10 分钟书。通过每天读书 10 分钟来为自己投票，这是一个潜移默化的过程，最终会让你形成一个价值观：读书真的很重要。

所以，你想要给自己一个什么身份呢？

人生认知层次的提升犹如登山，越往上越云雾缭绕，让人不可捉摸。很多人可能都没想过这个问题，但有些人的思维层次已经比这还要高，还要远。

比身份思维层次还要高的认知方式，叫作"使命感"。

使命感，就是你为什么来到这个世界。

在我们来到这个世界的时候没有人问过我们：你为什么要降临到这个世界呀？

但很奇怪的是，面试官总喜欢问：你为什么想来我们公司？好像我必须带着某种使命才能加入这家公司似的。

赫拉利在《今日简史》中阐述过"人有什么意义"这个议题，而关于弄清楚"人是什么"这件事，近代科学的发展起到了关键性的作用。

中世纪以前的欧洲，人们相信每个人都是带着赎罪的意义来到这个世界的（所以才会有赎罪券），宇宙的中心是地球。随着哥白尼、布鲁诺等人彻底摧毁了地心说，提出日心说，人类才无助地发现原来我们并不是宇宙的中心，更谈不上什么特别。这意味着：对于整个宇宙而言，人类和蚂蚁并没有什么区别。

你愿意问一只蚂蚁"你是为什么来到这个世界"吗？

这就像爱因斯坦所说的：宇宙最神奇之处，它竟然是可以被理解的。换句话说，渺小的人竟然可以试图理解宇宙，太不可思议了。

既然如此，我们在这里谈使命感，又有什么意义呢？

直到我读到了一本书，是我非常喜欢的心理学巨擘阿德勒的名著《自卑与超越》。书中的一个观念让我醍醐灌顶，终于明白了使命感究竟是什么。

阿德勒说：过往一切皆无意义，唯一的意义是你如何看待这件事的意义。

也就是说，如果你毕业于清华大学，这是一件已经过去的事，对于你未来能干成什么事，并没有什么意义。同样的经历，有的人会因此自信，对自己高标准严要求，严于律己；有的人会因此变得自负，深信自己才是那个天之骄子。因为人们看待过往的角度不同，产生的效果也完全不同。

同样的道理也适用于我们每个人的人生。虽然，我们每一个人对于整个宇宙来说都很渺小，但你如何看待自己，对你而言却十分有意义。我常和我的学员们说：即使整个世界都不在乎你的存在，也一定有一个人在乎你的存在，那就是你自己。

回到开头解释使命感的问题，你为什么来到这个世界？这个问题的答案，不是社会赋予你的，更不会是任何一个人赋予你的，而是你自己赋予你的。

同样是读书，你可能是因为被父母逼着读，被学校强迫着读；可能是为了将来能奔个好前程读。但有个人不一样，他从小就立志"为中华之崛起而读书"，他就是周恩来。

同样是做生意，绝大多数人就是为了挣点钱，不打工。但马斯克和他的 Space X 幻想着"让人类移民火星"，樊登希望"帮助 3 亿中国人养成读书的习惯"。

这是他们赋予自己的使命，没有人要求他们这样做，只是他们自己笃信生来不凡。

我也常常在夜深人静之际思考自己的使命究竟是什么，每一次灵魂的提纯，都能让自己以更好的精神状态投入到工作当中。相比金钱的激励与外人的掌声，使命的召唤更令我热血沸腾。

如果我的这本书能让更多的人看到，也算是我做了一点事，让世界变得不同了吧。

5. 自洽的人都能把握自己的热爱

你有没有想过这个问题：自己这辈子能否在工作中找到使命感？

其实别说使命感了，能确定你究竟是谁，就已经难能可贵了！

那么，难道我们又要走上"懂得了许多道理，却依然过不好这一生"的老路吗？所以前面的一切只是心灵鸡汤，对职业规划毫无益处吗？

当然不是，NLP思维层级最神奇的地方，并不是你一定要达到很高的层次才有用，而是你只要比下一层次高，就已经受益无穷。

即使你只是达到了"行为"层次，也可以让你在职场中少抱怨，保持更好的空杯心态。

即使你只是达到了"能力"层次，你也可以更立体地思考问题，在面对具体工作时更加游刃有余。

每一层都有它的用处，不过你想成就一番事业，至少要达到价值观思维层次。

　　价值观是你首先要想清楚的事。从这个层次开始，你才会进入深度思考，不再浮于外事或外物，这也是我最常教学员的方法：先明确你究竟想要什么。找到一个你真正想要的东西，把它写出来贴在你的门上，每天出门前好好看一遍，然后去上班。下班回家后看完了再睡觉。这种高频率的心理暗示，能够特别有效地提高目标的关注度与纯度。

　　我特别喜欢鲁迅先生在《呐喊》中写过的一段话：有谁从小康人家而坠入困顿的么，我以为在这途路中，大概可以看见世人的真面目。

　　我也有过这样的经历。

　　我出生在一个在别人看来特别好的家庭，在那个时代，我的爸妈不仅都在国企，我的爸爸还是国企的厂长。

　　6岁的时候，我的人生发生了翻天覆地的变化——父母因为外人的介入而离婚，导致我从此缺少了父亲的关爱。

　　后来我的亲生父亲因为涉嫌贪污等问题，被批捕入狱，这件事给我的打击比父母离异还要大。县城的人际环境是非常紧密的，几乎每个人都能攀上点关系。我很多同学的父母都在我爸爸管理的工厂上班，2000年左右国企改制，很多工人因此下岗，这些工人在家中经常给孩子说的一句话就是："就是×××（我的名字）的爸爸，把厂子搞得乌烟瘴气，把我们工作都搞丢了！"

这件事严重影响了我的校园生活，我清楚地记得，小学一年级时我是足球队的队长，等到了四年级，我已经进不去足球队了。对我而言，在学校挨骂甚至挨打成了常态。

万万没想到，后边还有更糟糕的事。

在我12岁的时候，母亲的肺部长了肿瘤。

不知道你12岁的时候在做什么，是在看漫画、玩游戏，还是被父母逼着上小升初的衔接班。12岁的我的生活就是在北京空军总医院陪着我母亲做手术。当时，未成年的我还不能在手术告知书和病危通知书上签字，我姨母，也就是我妈的亲姐姐，在那次手术上签了字。幸运的是，手术还算成功，我妈活了下来，直到今天。

在那之后，刚进初中的我成绩一塌糊涂，根本听不懂老师在讲什么。虽然后来我努力考到了全市的700多名，但这没有什么用，因为我们当地只有一所重点高中，这所高中只正式录取350人。

最后，我去了一所普通高中。从高一开始，每逢考试我就一直是位居年级前十，等我上了高二，还拿了不少次年级第一。我变得骄傲，开始打游戏、谈恋爱、逃课，因为我觉得没关系，毕竟自己是年级第一。

高考成绩出来后，我是年级第四，但只能上一个"二本"大学。我当时也认了，"二本"就二本。但我却没有那么幸运，我当时填的志愿是"九江学院"，因为差两分而滑档了。这导致我无法再次选择其他"二本"学校就读。而我的家庭条件又让我完全无法负担"三本"院校的学费。于是，我直接掉到了专科。

考了一个二本的分，要不要读专科？这是2007年的我面临的重大抉择。正当我犹豫之时，有一所新成立的私立学校在我们市电视台打广告，"二本"以上成绩的学生如果选择复读，可以免除学费，如果是贫困学生，每个月还能有几百块钱的生活补贴。我选择了这条路。

在私立学校复读的这一年，我从班级中下游冲到了年级前三，高考时，我排名湖北省第2080名，我们县前10名。

当时我甚至以为我的人生从此改变了，但是那一年我第一志愿填报的那所大学分数暴涨，我再次掉档了，去了一所我完全没听过的大学，念了一个我完全不理解的专业——公共事业管理。

大学前三年，我一直在思考一个问题：我这个专业读完了之后到底能管谁？好像谁都管理不了。

当时的我非常迷茫，我很困惑我的路到底在何方。

有时候选择少反而是一件好事。如果我告诉你，当时我就已经很清楚我想要什么了，那肯定是在骗你。当时的我可以说几乎是无路可走。大学4年贷款读书，如果选择考研，我的压力将进一步加大，留学对我来说更是天方夜谭。当时的我只有一条路，找一条好赛道，进一家大公司，改变命运。

改变命运说着容易，行动起来却难如登天。几乎没有任何一家大公司，需要我这个学历背景——公共事业管理体育方向的本科生。我的师兄毕业去安踏、李宁等公司，每月薪水仅4500元（2011年校园招聘）。这对当时的我来说，杯水车薪！

2010年，乔布斯的苹果公司发布了iPhone 4，这标志着移动互联网时代正式拉开了大幕。当时的我根本不懂移动互联网，只是感到大家开始越来越依赖手机，互联网成为当时最时髦的名词。于是我决定进入互联网行业，我投了非常多的简历，但全部石沉大海。

于是我决定去"霸面"！我的人生从此触底反弹。

当时我选择了去新浪"霸面"，也就是没有人通知我来面试，我就自己去了。等我到了理想国际大厦（当时新浪总部）楼下，我镇定地问门卫大哥，人力资源部怎么走（我想去的部门）。我到了那个楼层，却依然进不去。我在门口挣扎了好久，当我鼓起勇气往里面走时，却被保安直接拦住了。保安问我是干什么的，我就说我是来面试的。保安接着问那你的面试官是谁，请和他联系让他出来接你一下。我就支支吾吾瞎说了几句。这个保安当时是铁了心不让我进去了。但他的电话突然响了（门口的保安都有一个墙上的电话），他接电话的时候，我猛地一下子就跑进去了。他赶紧挂了电话进来追我，我当时也不太走运，被他追上了。两个保安大哥追上来直接把我架出去了——"如果再这样，我们就报警了！"

我欲哭无泪，我需要一个面试机会，我想要改变命运。折腾了一上午，到了12点，新浪的员工陆陆续续出来吃饭，我灵机一动，就站在电梯口，开始守株待兔。我知道，20层是人力资源部所在地，他们中午肯定得出来吃饭，我只要在这儿等着，肯定能见到他们。而且我打定主意要找到一位领导，只有领导才有可能给我一次机会。我和朋友分享这一段经历时，他们都特别好奇怎么判断谁是领导，我当时和他们说了我的经验，一般领导有两个特征：一是领导年纪都会稍长一些，二是领导吃饭的时候身边总是前呼后拥的。

于是，我发现了一位30多岁的女性，她身边跟着三个女同事，正在商议中午去吃点什么。趁她们等电梯的工夫（大公司人特别多，等电梯得5分钟），我猛地上前问她是不是人力资源部的领导。她疑惑地问我有什么事，我就开始自我介绍，把我的简历递给她。

结果当然是，她没接。

我当时横下一条心，不能放过这个机会，于是我就跟着她上电梯，接着在电梯里向她介绍自己的想法：我为什么想来新浪，我能做什么，我是如何思考的。电梯里的气氛尴尬极了，所有的人都诧异地看着我俩，我脸涨得通红，却依然在坚持！

终于到了一楼，这位女领导实在受不了了，她郑重其事地跟我说："同学你回去投简历，合适的话我们会通知你来面试的。"我当时都快哭了："我投了（确实投了），但是没有任何回应，可是我想有一次实习的机会！希望您能给我一次机会！"她看我这样子，心一软，说："你把简历给我吧，我帮你看看机会。"

我马上把简历塞给她了。然后又要到了她的名片，名片上有详细的联系方式与邮箱。我欣喜若狂，决定见好就收马上离开。

回到寝室后，我开始了漫长的邮箱攻坚战。我几乎每天都会给她发一封邮件，阐述我对这个行业的想法、我的优缺点、我的梦想。大概过了三四天，她回复了我：我把你的简历推荐到××部门了，他们会联系你的。

收到回信的第二天，我接到了××部门的电话，让我去面试。面试过程十分轻松，为了这场面试，我进行了异常充分的准备。面试结束后，面试官悄悄问我："××姐（我这辈子最大的贵人）和你认识啊？"我微微一笑。

2011年6月，我成功通过了新浪的面试，正式进入互联网行业，开启了我的职场生涯，后来历经腾讯、创业、百度、网易、二次创业，直到今天。回首往事，如果没有当初的经历，我几乎不可能有后面精彩的职场体验。让我走出"霸面"这一步的关键，就是我当时的价值观是"必须做一切改变命运的事。"

这个价值观决定了我之后完全以目标导向来决定我的行动。我不在乎丢脸，不在乎别人怎么看我，更不在乎被拒绝。我要的是一次机会，一次改变命运的机会！

有一次，我在某所大学演讲的时候讲了这个惊心动魄的故事，当时有个学生私下问我："水哥，我觉得你这事有很大的运气成分，如果当时那位女领导不帮你，故事可能就完全不一样了！"

我微笑着告诉他："不会，因为我会一直去'霸面'，直到有一家公司要我为止！"

我命由我不由天，命运不青睐我没关系，我不怕失败，我也从来没有真正的失败——真正的失败是认命，是趴下了从此再也站不起来！

今天很多同学的痛苦都是因为自己的价值观波动太大。想去好公司，却害怕被拒绝，投递简历如果显示"已读不回"，心态就会完全崩掉；想要求稳定的生活，却又总是抱怨晋升缓慢，羡慕别人的高薪。

当初的我几乎没有任何的选择，只能按这一条路坚持走下去。很多人总是觉得难以坚持，很多时候不是因为恒心不够，而是因为总有退路。

人就是这样，只要你有退路，走的一定是退路。

别学习了，家里有三套房等着收租金呢；别上班了，父母挣得也不少，啃老不丢人；别奋斗了，大不了回老家，风吹不着雨淋不着。

希望每个人都能找到自己稳定的价值观，这样才能帮自己找到热爱。

6. 稳定的价值观帮你找到热爱

我的合伙人佩奇，是一位生于 1999 年的小姑娘。她是一个非常有目标感的人，也就是说她的价值观很稳定。也是这个原因，造就了她对于事业的热爱。

以下内容，来自她的自述。

从大一开始，我就开始参加各种实习，参加学校的各种大型活动——新苗、富尔顿、国创、大广赛，入驻学校的创业孵化园。每个寒暑假只有一个星期留在家里，其他时间都会去参加实习。

而关于职业选择，我想说职业方向真的很难拍脑袋定下来，只有不停去尝试，不停去测试自己喜欢什么、适合什么，你才能得出答案。

在大一填报志愿的时候，我立志当一名语文老师，所以我大一选择在培训机构实习。实习的过程中我发现，这里和我想象中的不太一样，她完全没有理解"教育"的含义，却给"教育"盖上了"枯燥的知识"的帽子，为自己的浮躁找了个借口而已。

带着这个问题，我请教了很多老师和行业前辈，他们建议我去尝试新媒体领域，那时候是2018年。

听了前辈们的意见后，我马上去了一家初创公司实习做新媒体，自学公众号编辑、PS和剪辑，我当时看着复杂的PS软件真的很头痛，但没办法，做新媒体就是要学会海报设计、页面设计。于是我找了视觉设计的优秀学姐手把手教我，我付她"家教费"，60元2小时，学了5次后基本就没问题了。我很感谢当时我有知识付费的意识，要知道出校园后想花300元学会一项技能是根本不可能的！

这段新媒体的实习经历让我收获了不错的作品和评价。自此，我大概知道了自己适合做什么，于是我找班主任申请转专业。

经过烦琐的转专业流程后，我成了一名新闻专业的学生，成为一名和新媒体工作专业对口的学生。

在上专业课过程中，我了解到老师和当地电视台都有联系，于是，我向老师求助，希望他可以帮忙引荐我到电视台实习。

后来，老师被我的执着打动，直接向电视台新媒体负责人引荐了我。我去电视台后独立负责好几个项目的报道，并且有多个作品上了"学习强国""浙江日报"等大平台。

没有人有义务去帮助你。我深知，老师这是在用自己的信誉为我背书，一旦我干砸了，受损的将是我老师的信誉。

因此，我对这位老师一直心怀感激，感谢他当年对我的信任，愿意给我背书，让我在电视台实习时获得那么好的成绩。

在电视台实习期间，我发现，这里和我想的也不太一样，于是我又开始思考：毕业后，我去干什么？

我从高三开始听樊登老师讲书，到我大三那年，樊登读书的爆火让我意识到知识付费的时代来了。于是我开始向樊登读书的实习岗位和校园招聘岗位投简历，很可惜，我的学历不够给力，没能得到一个我想要的结果。

于是我选择延迟实现这个目标！只要过了校园招聘，进入社会招聘就是看经验和作品了。大四那年我选择去小的知识付费公司实习，学习 IP 孵化，并且大学毕业论文以《新媒体语境下，知识付费平台的营销策略研究——以樊登读书为例》为题再次为之后求职樊登读书做准备。后来我又在杭州一家小型知识付费公司工作了半年，为自己积累项目案例和行业经验。半年后，等樊登读书社招环节开放出我心仪的岗位后，我马上投简历，几轮面试后我求职成功进入了樊登读书。

在樊登读书工作时，每个星期我至少有3天自愿加班到很晚，甚至周六日也一心扑在工作上。带着热爱和个人成长的目的去工作，让我丝毫不觉得加班是辛苦的，我也找到了职业上的心流状态。

今天我的一句话或一个行为能帮助到一个人，那今天的我在世界上就是有意义、有价值的。

从佩奇的职场经历中我们可以明确看到，她并不是一开始就能预知自己未来的身份并有使命感的人，更谈不上什么热爱。但她有她的价值观：我要不断地折腾，寻找自己的人生价值。

一个人热爱一件事，通常有两个原因：胜任感和他者贡献。

胜任感是一种自我价值实现的感觉，通俗来讲就是：这件事，我能行！

我儿子特别喜欢篮球这项运动，他还缠着我去给他报了一个课外篮球训练班。一个4岁的小朋友谈何使命感和身份认知？他之所以热爱篮球这项运动，主要是因为他总能把球投进篮筐，即使是在他爸爸的帮助下。

累计成就就像打一款通关游戏，你很难爱上第一关就让你死掉的游戏，但你会对有难度但可以克服的游戏爱不释手。小成就指向大热爱。

我特别想跟家长朋友说鼓励好过批评。在孩子小的时候，当他什么都不会的时候，他更需要家长的帮助和鼓励，家长要去帮助孩子建立胜任感。试想如果你的小孩数学考试考了80分，你会怎么和孩子沟通？

"你怎么搞的，那20分是怎么丢掉的，后面不允许再犯同样的错误了！"

"哇，你真的好棒，做对了大部分题，你越来越擅长数学了！"

你觉得哪种沟通方式更好，更容易培养孩子的胜任感？很多人之所以觉得自己什么都不行，什么都不会，就是因为长期处于负面环境之中，总是遭遇批评教育，最后逐渐从认知平庸变成能力平庸。

我们为什么喜欢跳槽，就是因为跳槽会带来升职加薪，无论是职位上还是薪酬上的提升，归根结底都是胜任感的积累。你的位置越高，拿的钱越多，你就会越觉得自己重要，慢慢地产生自信心，时间久了就演变成热爱。

不过胜任感也会有负面影响，有可能会让你变得盲目自信。我常常见到这样的学生，觉得自己很优秀，什么都行。这就是胜任感溢出的表现，人不能自卑也不可自负，最好的状态是自信，所谓中庸之道就在于此。

我们再来看产生热爱更重要的一点：他者贡献。

"他者贡献"这个词，来自著名心理学图书《被讨厌的勇气》，简单解释一下，我认为就是"赠人玫瑰，手有余香"。

如果你曾有过做善事的经验，你就会发现一个很奇妙的心理体验：帮助别人，其实是在取悦自己。

当你看到一个饥饿的乞丐躺在路边，你是否会有恻隐之心，向他伸出援手？如果你买了一个面包送给他，当你看着他大口吞食的时候，内心是不是也会感到欣慰？

这就是他者贡献。我们总爱转发帮助别人的文章，或者会把锋利的废品装好再丢弃，以免伤到拾荒者。当我们在做这些事的时候，我们内心都会有一种自豪感——我是一个善良的人。

我在前边写到我们公司的愿景就是：每年帮助至少一万名年轻人找到职业方向。这种愿景不是凭空冒出来的，而是在胜任感和他者贡献的相互积累中升华得到的！

在我第一次创业期间（2017—2020），我开始关注员工的职业成长。等我到了百度、网易就职，我发现很多别人羡慕的大厂的员工依然想不清自己未来的方向。当时的我认为，我作为他们的领导，有责任也有义务去帮他们做一些简单的职业问题解答。

于是，我发现，在我帮助他们的时候，我的心中会有一种说不清的快感！尤其是当他们频频点头表示豁然开朗的时候，我心中能感受到一种从未有过的愉悦。

于是我制定了一个规则：每一个入职到我部门的新员工，我都要跟他聊聊他的未来发展。

在每一次帮新员工做好职业规划之后，我都会由衷地跟他们说一声谢谢。大家都觉得很奇怪："水哥，明明是你不辞辛苦帮助我们找方向，为什么还要跟我们说谢谢呢？难道不是应该我们来说谢谢？"

其实不然，在这个过程中，我完成了成就自我。

热爱就此产生了！这就是在我身上，以价值观为基础、胜任感与他者贡献叠加的结果。

7. 别把"兴趣"和"热爱"搞混

经常有人问我:"水哥,你常说要把热爱和工作结合起来,可是我热爱旅游啊,我热爱吃美食啊,难道我就应该去旅行社当导游或者去小吃店当员工吗?我试过了,可是我真的很不开心啊!"

这时候我会回答他们:"那是因为,你把兴趣和热爱混为一谈了。"

什么是兴趣,简单来说兴趣就是你喜欢的东西或者事物。

什么是热爱?热爱是你为一件自己认同的事情,可以放弃几乎一切本可以轻松得到的回报。

我做了8年多的面试官,在面试中我经常会问求职者日常生活中的兴趣爱好是什么。关于这个问题,大多数人给出的答案是:我喜欢旅游,我喜欢美食,我喜欢看电影,我喜欢打游戏。

你是否发现了这些答案的共同点?那就是,这些事谁都喜欢。

谁不喜欢游历四方呢？谁不喜欢吃好吃的食物呢？谁不愿意在小雨淅淅沥沥的周五晚上窝在沙发里看一场感人至深的罗曼蒂克电影呢？

谁会喜欢加班？谁会喜欢被领导骂？谁会喜欢每天两点一线的生活？

所以当你说你热爱旅游时，这仅仅是一个表层的人性渴望，是每个人都有的，这并不是热爱，而只是对这件事有兴趣。兴趣是不可以当作职业的。就像每个人渴了都想要喝水一样，但没有人把喝水当作一个职业方向去奋斗。

不过不必沮丧，兴趣和热爱之间有一座无形的电梯，跨进那部电梯，你就可以将兴趣升级为热爱。

我是一个特别喜欢读书的人，换句话说，读书就是我的兴趣。

但曾经的我虽然喜欢读书，却十分不自律，总是拖拖拉拉，定好的读书计划一直完成不了。如果有游戏、社交、聚会等其他我同样喜欢的事情出现，我就会果断抛开读书去做别的事。

可是现在的我，每年要读52本书，还会认真做读书笔记。

只要我躺在床上，手就会不自觉地打开读书 App，这甚至已经成为我的惯性。

变化的产生是因为我找到了热爱读书的真实原因。

有一次我们团队聚餐（那时候我还在百度就职），一个小伙伴问我："水哥，怎么才能赢得组员的信任呢？或者我未来带团队的时候，大家怎么信服我呢？"

我微微一笑："这容易，我先问你一个问题，你人生中最信任的人是谁呢？"

小伙伴略有迟疑，然后说："那应该是我的父母吧，再就是我的老婆孩子了。"

我开着玩笑："为啥我不是你最信任的人呀，你的父母是高管还是高官，所以你最信任他们？"

小伙伴也笑了："那倒不是，他们就是普通工人，没有什么特别的。"

我很认真地说："你看，信任和能力并没有直接的关系，我们选择信任一个人，并不一定是他的能力有多么强，而是因为你们之间的公开象限足够大！"

"公开象限？什么意思？"小伙伴有点没听懂。

我说："人与人之间的认知关系一般来讲有四个象限，第一种是你知道，而我也知道的事情。比如说我们俩是同事，你知道几点上班，我也知道。这种我们俩都知道的事情的聚合，就叫作咱俩的公开象限。但是，肯定也有些事情是你知道，而我不知道的，那就是你的个人隐私了，叫作隐私象限。同样，也有些事情是我知道，而你不知道的，比如说这次涨薪大家都涨了多少，你就不知道，而我知道，对不对？这个叫作你的盲区象限。"

说到这里，大家都会心一笑，觉得很有意思。然后我继续说："还有些事情，是我们大家都不知道的，比如明天哪只股票会涨停，一个月后是晴天还是雨天，宇宙一开始究竟是什么……这些大家都不知道的就叫我们的未知象限，而这也是我们每个人的最大象限。但是，请大家注意！"我这个时候开始强调重点了："我们最信任的人为什么会是父母？是因为你喜欢吃什么，你爸妈知道；你在哪儿读书，你爸妈知道；你有什么讨厌的事情，你爸妈知道；甚至你的初恋长什么样，他们都知道！同样的道理，我们最不信任的人是谁？是陌生人。如果今天突然出现一个陌生人找你借100块钱，你肯定不会借。但是如果是你的同事找你借100块钱，你可能会毫不犹豫。而你之所以相信同事而不是陌生人，并不是你的同事多厉害，而是你俩有很多共同知道的事情，这个就叫公开象限。所以想要让同事、下属信任你，很简单的方法就是不断提高你们之间的公开象限，这样你很容易得到他们的信任！而提供公开象限的最好方式，就是多请人吃饭，多自我揭示！"

大家听完哈哈大笑，纷纷表示终于明白了我为什么总是约他们吃饭喝咖啡了。

提问的小伙伴一脸崇拜地看着我："水哥，为啥你啥都能讲出道理来啊，这是怎么总结出来的？"

我依旧微微一笑："不是总结，都是我从书上看来的。我刚刚看完樊登老师的《可复制的领导力》，你们要是和我一样，多看书，就什么都懂了！"

我想你也能通过这个故事发现我喜欢读书的原因：我享受读书后分享的过程，读书可能并不能马上给人带来快感，但是当我带着极强的分享欲去读书的时候，脑海中就会不断地产生这样一个念头——这段话真的太有道理了！我明天一定要分享给大家！他怎么能写出这么棒的句子，我要拍照发个朋友圈！

"爱分享"让我爱上读书！

我选择创业，也是因为我找到了终生的使命与热爱。当我还在网易的时候，有一次，团队中有一个小伙伴找我喝咖啡。

他眉头紧锁，闷闷不乐，我们俩在网易二园区散步聊天。他说："水哥，你说是在互联网公司工作好，还是去国企好？"类似的问题我大概听了上万次了，即使每个人说话的口吻、语气、环境各有不同，但核心逻辑其实都类似——既想要有激情有钱赚的工作，也想要安稳的生活。但我们每个人都知道，两者不可得兼，这个世界上哪有完美的工作呢？

我喝了一口手中最爱的美式冰咖啡，告诉他："工作没有最好，只有最合适。这就像找女朋友一样，没有完美的女朋友，只有你最爱的人。"

小伙伴说："道理我都懂，可是父母非让我去考国企，天天打电话催我。他们就是央企的，十年如一日，拿着不上不下的工资，过着不温不火的生活，我真的受不了。"

我知道他还有话没有说完，于是引导他继续说："既然如此，就很坚定地选择在互联网接着干，还有什么疑惑？"

小伙伴不好意思地笑了："其实我也有点担心，互联网是不是竞争太激烈了，现在都说35岁中年危机，这事儿万一发生在我身上怎么办呀？"

于是我有了下面的话："成年人在面对选择的时候，最成熟的方式不是全都要，而是当我选择了硬币的正面，也能够接受失去背面。就像你找了一个校花级的女朋友，可能就要被迫迎接无数竞争对手的挑战。最可怕的不是失去，而是徘徊犹豫。太多人年轻的时候为了逃避而被迫选择了一个职业，等到他发现那个过去害怕的事物其实没有那么可怕的时候，又开始厌恶自己过去的选择，却已经没有了选择的勇气与权利。于是他们开始悔恨，对工作失去了所有的热情，工作也越做越差。结果他们自然会被边缘化，直至被职场淘汰。"

看他若有所思，我接着问："你知道职场中最累的是什么人吗？"他想了一下："应该是那些加班多的人吧？"我哈哈一笑："你看我天天加班，见过我喊累吗？我可不是受虐狂哦！职场中最累的是那些做'仰卧起坐'的人，'躺'又'躺'不平，'卷'又'卷'不动。既不知道自己为何要'卷'，也不知道如何找到舒适的'躺平'方式，然后在职场中一直做'仰卧起坐'，越往后做越累，最后气喘吁吁地倒下。他们是被迫'躺平'的，那个结果也不是他想要的，但他们没有办法。所以，职业规划的核心要义，是用适合你自己的方式去经营你的职场人生。重要的是'适合'，而不是'哪个好'。"

接着我给他讲了如何用NLP思维层级指导职场与人生，以及如何找到职场的一生所爱。

到了2022年，他即将硕士毕业，也参加了校园招聘，却不幸遭遇了近些年来最难校园招聘季。11月份的时候，他约我一起吃饭，告诉我这次秋招他还没拿到一个心仪的聘书，竞争实在太激烈了。

我有点担心他会不会选择逃避，比如随便找份工作干。

结果出乎我的意料，他很从容，只是和我碰杯的时候安慰我说："水哥，你不用担心，我知道我的实力，未来干什么我很清楚，只是短暂的挫折而已，真的没事的。"

我很开心，我的学生都会安慰我了。这一刻我感受到了幸福和人生价值。

在我带团队的 7 年时间里，我耐心地给每一个困惑的小伙伴解答职场问题。我很感谢他们给了我这样的机会，让我收获了为他人传道解惑的快乐。

无论是读书心得还是过往经验，无论是答疑解惑还是帮人做职业规划，那种分享带来的快感，成了我创业道路上最大的动力。在这种动力的加持下，我放弃了大厂的职位，放弃了猎头的邀请，损失了很多钱，却得到了我热爱之事——自我满足的价值。兴趣的威力极小，而热爱才是职场的核弹。就像我在前面说的，兴趣人人都有，但热爱需要你为了它放弃很多别的东西。这样的热爱才能让你奋不顾身，勇往直前。我们绝大多数人之所以搞砸了工作，弄丢了兴趣，就是因为没有挖掘出兴趣背后的热爱。

一些人表面看是喜欢旅游，事实上他们真正喜欢的是分享。对他们而言重要的是拍照分享到微博、抖音、朋友圈。这样的人其实适合去做自媒体、摄影师，他们热爱的是别人的点赞和赞美，而不是旅游这件事本身。

很多人喜欢打游戏，事实上他们喜欢的并不是游戏本身，而是喜欢在游戏中"排兵布阵"。那么他们更适合去做策略分析师或者产品经理。当成为策略分析师或产品经理之后，他们就会发现，真实的商战可比游戏好玩多了！

对于我这样的人来说，读书并不是我的乐趣来源，我的乐趣来自分享，我希望帮助别人。所以我每次读书看到有趣的知识点，总是要记录下来——不只是为了让自己记住，更重要的是为了能更好地讲给别人听。

我为何要创业做职场自媒体？这是因为我在分享的过程中，找到了自己的职场心流，那种被电击一般的成就感让我欲罢不能。我热爱这一切，所以我也热爱上了读书、散步、交朋友。而这一切就不仅仅是我的兴趣了！

你会为了热爱放弃很多，就像你爱上一个人，你会为了他放弃所有潜在对象。倘若你仅仅是对一个人有兴趣，是不会放弃其他有兴趣的选项的。

8. 一生只做一件事

在找我咨询的家长中，我最怕的不是一无所知的家长，而是盲目指挥的"专家"。

曾经有一个大三学生的家长来找我做线下咨询，还没等我开口，他就已经跃跃欲试："水哥，我是这么给我孩子规划的，准备让他兵分四路。第一路先准备考研，毕竟现在找工作，没有研究生文凭很难弄，但是我又怕他万一考不上，所以我有第二路准备。第二路是准备秋招，我是这样想的，简历我来帮他投，他还是专心考研，不耽误他学习的时间。第三路是准备考公，不都说应届生考公有优势嘛，我也给他报个名，考试前突击复习一下，万一考上了呢？最后我还有个兜底方案，那就是出国留学。我找了中介，只要他到时去考下雅思，只要考 7 分就能有好学校上。您看我这规划怎么样？"

我听完头已经大了！我很难想象他的孩子如何去应对这四种方案，一年的时间同时准备考研、校招、考公、留学，就算是天才也不容易实现啊!

于是我对他说:"在我看来,您的孩子能做好其中一件事就不错了,同时做四件事,而且都是很有难度的事,恐怕最后会落个'四大皆空'。"

他显然不信,说:"不会吧,难度有这么大吗?我的孩子很优秀,很努力!"

我只能接着解释:"这真的不太现实。比如考研和就业吧,如果你要考研,那就要全身心学习,今年考研人数 400 多万,录取人数 100 万,这 100 万里面还包括了推免生以及一些您看不上的双非学校录取的学生;实际您看得上的学校,竞争压力都非常大。再说就业,如果您的孩子准备考研,那就没时间实习了。就算您帮孩子投简历参加校招,可他连实习经验都没有,很难找到工作。即使勉强通过了网申,笔试面试他总得自己去吧,他在这方面又没做准备,该怎么应付呢?"

对方不好意思地笑了:"道理我都懂,可是我怕不做几手准备,考研失败了可咋办?"

我相信绝大多数同学都会有类似的想法,总觉得只要我多准备几条出路,总有一条路行得通。但却往往事与愿违。以考公为例,2023 年公务员考试,国考报考录取比例超过 70∶1,这意味着 70 多个人参加一个岗位的考试,只能有一个人成功"上岸"。如果你的专业不是法学、汉语言文学、计算机等专业，报考比例更是夸张到几百比一甚至几千比一。这样的竞争环境，全力以赴尚且胜算不高，更何况是分心他处？

在面对人生重大决策的时候，我们一定要谨记"一生只做一件事"这个道理，然后再结合NLP思维层级中的价值观思考方式进行思考，这样才能比较容易确定你的目标方向。

一旦有了目标方向，我们的职业规划就会变得非常清晰，这就是：以终为始，方成正果。

很多人在大学很努力学习，各种考证活动全参加，但毕业了却找不到工作，有个很重要的原因就是他不会使用逆向思维方式。

之前有个学员找我做咨询，满脸委屈地说："水哥，我真的太难了！大学我真没荒废，好好地学，好好地准备，为什么秋招还是没有找到好工作呢？"

我觉得很奇怪，于是问他："来，你给我讲讲到底是怎么准备的？"

这位学员在本科4年当中，考了20多本证书：四六级、计算机二级、普通话等级、初级会计师证、人力资源证书、机动车驾驶证、导游证、教师资格证等等。基本上大学生能考的证书，他一个不落全考了！

我叹服他的考试能力，但又为他感到惋惜，这明显是好钢没使到刀刃上。

求职准备中，最忌讳的就是随大流。别人考证我考证，别人实习我实习，全然不顾一个问题：我该不该去考这个证，该不该去公司实习。

只要我们转换思路，路径立刻就清晰了。我们可以先放下努力的念头，花一点点时间去思考一件事：我将来打算干什么？

如果你决定考公务员，那么你需要去了解你的专业是否有优势，有什么岗位可以报，再去购买行测、申论相关书籍学习备考，需要的话还可以报培训班提升效率。

如果你决定去企业工作，那么你首先要确认自己是否要做与本专业相关工作，确定好后再根据岗位要求准备简历和面试；如果你不想做本专业工作，你需要先明确你的就业方向，再去学习技能、参加实习，最后才能转型成功。

把握好你的努力方向，不要偏移航道。很多家长和学生看我一直强调实习的重要性，就认为实习是万能的。事实上没有任何东西在职场上是万能的。你必须花很长时间去思考一个问题：我将来要做什么。

想清楚了再出发，一点都不晚。没想清楚就出发，往往会走弯路。

有人曾经问我："水哥，我的想法可能不太成熟，也能出发吗？"

完全没问题！

我曾给一个大二学环境工程的女生做职业规划咨询。她属于比较典型的迷茫型学生，几乎没有任何倾向性，交谈过程中说得最多的就是——我可以试试。

这样的态度非常模棱两可，很难带给她好的发展。于是我引导她说出自己的兴趣爱好，她的话匣子一下子打开了。她说她特别喜欢二次元，最爱干的事就是逛 B 站，每天追番剧刷弹幕，乐此不疲。

于是我问她："如果今天让你做 B 站的 CEO，你愿意吗？"

她不好意思地低声回应："我不行吧，我没有那个能力。"

于是我鼓励她："没事，我没问你行不行，我就问你，愿不愿意？"

她一下就乐了，说："那当然愿意了，太愿意了，可是我咋可能成为 B 站的 CEO 呢？"

我接着说："没关系，只要你愿意。那么我问你，想成为 B 站 CEO，第一步是要干什么？"

她说："首先得先进 B 站吧？"

"太棒了，答对了！那成为 B 站正式员工的第一步是什么？"

她想了一下："可能得先去那边实习？可是我是学环境工程的，B 站能要我吗？"

这种问题是我在大学演讲的时候被问到的典型性问题。我说："要不咱现在打开 B 站的招聘信息看看，有没有限制专业呢？"我们翻阅了几个岗位要求之后，发现没有任何专业限制，她眼里有了光，说："真的，水哥，好像没有限制专业，甚至连学历都只要求全日制本科以上！"

我接着鼓励她："所以你挑一个岗位，了解清楚它的要求，从今天开始努力学习，做好准备，就很有可能去 B 站实习了。即使短期内去不了，也可以去一个小一些的公司实习，等未来有机会了再去 B 站！"

这就是"以终为始，方成正果"的思考方式，你知道你要去哪里，才知道该如何为自己"导航"。如果你出门没有目的地，就只能随意散步，走到哪儿算哪儿。

你也不要怕终点太远，反正就当是一场梦，既然是做梦，不妨把梦做得大一点。就像那句话：梦想还是要有的，万一实现了呢？

最怕的是有鸵鸟心态。鸵鸟这种动物，一遇到危险，就会把头埋进沙子里，什么都不做，一直等待危险过去。假如鸵鸟也懂哲学，那一定是唯心主义的拥趸：只要我看不见，就不存在。

很多学生都有这种心态。明明知道自己学校档次不高，明明知道自己的专业就业很困难，可就是装作视而不见。只要没毕业，他就没有失业，只要还没去找工作，他就不能说工作很难找。

有一次，我在南昌给一位硕士同学做职业规划。他本科学的是环境工程，毕业之后去了一家环保公司，主要负责重工业企业的污水排放问题。只干了三个月，他就辞职了。按他的话说：一个月挣5000块钱，又脏又累又臭，真是受不了！

于是他决定通过考研来改变自己的命运。虽然我不太理解为什么很多人都觉得考研可以改变命运，但是考研能提升学历，这件事是毫无疑问的，结果他考研报的专业又是环境工程。

考了环境工程专业也就罢了，可是研究生整整三年，他除了在学校学习，什么都没准备。没有获得奖学金，没有进入学生会，更没参加任何实习。眼看还有三个月就要毕业了，他来找我了，说："水哥，我现在春招就拿了一家环保公司的录取通知，还是干废水处理，一个月7000块，这可咋办呀？"

三年研究生换来了月薪2000块的提升，这种结果他接受不了。可是，他可是一个上过班的人，既知道这种工作的恶劣环境，也知道考选调生需要一些额外的要求（比如党员、学生会干部等），可是他偏偏装作不知道，选择逃避。事到如今，转行无路，求稳无门，还是不得不走回老路。

这三年他错过了多少机会呢？

如果他选择转行，可以跨专业考研，即使不跨专业，也可以通过实习来转变自己的就业方向（很多职业并不要求专业对口）。

如果他不想转行，也可以选择备考选调与公务员。

然而整整三年，他什么都没干，就是按部就班地等毕业，希望天上掉下馅饼来。

鸵鸟心态是多么可怕！

宁可没有目标，也不要当鸵鸟。一生忙很多事固然不可取，但一件事都不做也不行。就算是瞎忙，最后得到的结果也比完全不忙要强得多。

不过"热爱做"和"能做"是两种不同的概念。我就算再热爱篮球运动，也无法实现登上NBA赛场的梦想，毕竟我的身高只有1米73，也没有足够的篮球天赋，这属于老天爷不给饭吃，实在是没办法。

　　有些同学特别喜欢补短板：越不擅长什么，越要做什么。曾经有一个特别内向的同学找我说想要做销售，因为他想成为和我一样说起话来滔滔不绝、口若悬河的人。

　　那么，我们应该补短板，遵循木桶原理吗？

9. 了解你的职场五型人格

这个世界上不存在全能的人。

很多人迷信木桶原理，觉得自己人生高度是由最短的那块木板决定的。在某些方面，木桶原理确实成立，比如一个公司要想发展得好，确实要把短板补好。但人和公司不同，公司是一个组织，而人只是一个个体。

组织可以是一个全能体。一个大公司，可以有很多业务，很多部门和员工。而这也不是因为组织有多全能，而是因为每一个有特长的人加入了组织，才成就了组织的全能。

但个人就不一样了。对我们每个人来说，最重要的不是如何弥补自己的弱点，而是应该尽量放大自己的优点。

在我 11 年的互联网从业生涯中，我做过运营、产品经理，当过总监甚至是 CEO，但是我一行代码都不会写，一幅图都没有画过。我通过产品经理晋升到管理层，我的能力体现在沟通、协调、思考、管理、决策等方面。

那么，我们应该如何应对自身的短板？难道就放任不管吗？并不是。我们在发挥长处的同时，也要学会不断地藏拙，所谓扬长避短就是这个道理。请注意，是避短，而不是补短。

在职场中，有两类人才特别受欢迎。第一类叫作 I 型人才，这种一般是技术类专业人才。比如互联网公司需要大量的算法工程师，这类人才基本不会有人在意他们的情商和商业思维，只要他们技术过硬，基本就不愁没有好工作。为什么这样的人才叫作 I 型人才呢？就是因为他们在某一点上，特长特别的"长"，就像英文字母 I 一样。

不过想要做到中高管，光凭技术肯定不行。另一种 T 型人才相比 I 型人才更容易得到晋升。T 型人才的优势在于他有自己的专长，而且在其他方面也有所涉猎。同样是算法工程师，有些同学在技术扎实的情况下，还能够有一些基本的项目管理能力，与人顺畅沟通的能力，这样就有可能作为储备干部被不断地培养，走上管理层。

所以在职场中，一般有两种不同的晋升路线。产品运营和开发工程师等员工，都属于靠技术实力吃饭的。还有一种人才靠管理能力吃饭，能够走上管理岗位的同学，基本都是 T 型人才。

不过也有一些人想要另辟蹊径，结果走上了一条不归路，他们既不是 I 型人才，也不是 T 型人才，而是"一"型人才。他们的特点是看起来什么都会，却什么都做不精，稍微有点难度就无法解决。很可惜的是，职场中大多数都是这种人，俗称打杂的。

一些朋友看到这里可能会感觉到沮丧：完了，我就是那个打杂的，什么都做，什么都做不好。

没关系，其实你不是什么都做不好，只是还没做对选择。

我们经常听到一句话：性格决定命运。这话属实有点夸张，我觉得不妨改改：摸准自己的性格，命运会更偏爱你。

一般来说，我们可以把职场人的人格分成五种，对应到五种不同的动物：猫头鹰人格、孔雀人格、老虎人格、熊猫人格和变色龙人格。

先说猫头鹰人格。

猫头鹰是一种昼伏夜出的动物，它勤劳肯干，但是不爱表现。这对应到职场人中，就属于踏实稳定，坐得住板凳，可以认真钻研工作的技术型人才。这样的人可能性格内向，沟通表达能力较弱，但是总是能一丝不苟地完成交给他的工作。很明显，这类人才适合技术研发类岗位。

再说孔雀人格。

众所周知，孔雀长得非常漂亮，雄孔雀会用开屏的方式吸引雌孔雀。我们很容易把"社牛"和这类人联系起来，这类人爱表现，他们普遍性格活泼开朗，善于建立人脉，获取资源。显然，这类人才比较适合的方向是市场、产品运营、项目管理、新媒体等。

然后是老虎人格。

老虎人格相对比较少见。老虎是一种十分凶猛的动物，是山大王一般的存在，通常霸气十足，威猛无比。对应到职场人，就属于气场强大，说话办事不容置疑、具有领导力的人。这样的人一定要去创业，一只老虎不可能久居人下。岂不闻卧榻之侧岂容他人鼾睡？

那么熊猫人格的人又是怎样的呢？

熊猫人格可以说是职场里的老好人。很少有人会讨厌他们，但是也不会特别喜欢。一般情况下他们做事总是不紧不慢，按部就班。这类人比较适合的职业可能是人力资源、行政、秘书、助理之类的工作。

最后来说变色龙人格。

变色龙的特点是为了生存下去，往往可以千变万化。有些人在职场中适应环境的能力极强，善于在复杂的环境中寻求生存之道，也能设身处地地考虑别人的立场。这种类型的人比较适合公关、商务、销售、谈判代表等。

那么你属于哪种职场人格呢？可能你会发现，自己很难用一种类型的人格来描述，这其实是正常现象。人是复杂的个体，你无法通过一两句话准确地描述一个人，甚至你永远无法准确地描述一个人，一个组合式的职场人格可以说是再合情合理不过了。

比如我就是孔雀型和老虎型的复合体，所以你会发现我在几家公司辗转、做过三家公司的 CEO 的事也就很容易理解。成功之道不在于拼命，而在于找准自己的定位与方向。

千万不要勉强自己去转变性格，有句老话说得好：江山易改，本性难移。猫头鹰很难成孔雀。与其羡慕别人的精彩，不如学会发挥自己的优势。

第二章

成为能戒掉
负面情绪的人

1.别让负面情绪为你做出错误决策

很多人都经历过这样一种循环：我懂，我愤怒，我发飙，我做错事，我后悔……我又懂了。

为什么这种情况总是发生？因为大家总是在试图控制情绪，但其实情绪是控制不了的。你要做的，是让情绪与决策彻底分开。

阿德勒认为，一切的烦恼来自人际关系。比如，你不认可父母提出的方案，又无法和他们断绝联系，所以只能通过争吵来达到某一方的妥协。

如果你把情绪和决策看成一对相爱的情侣，为了避免自己犯错，最好的方法就是让他俩分手。因为你在一时的情绪影响下做出的大多数决策其实都是错的！

人在开心的时候，往往容易做出冒进的决策。如果你今天发了奖金，在逛商场的时候就很容易买很多根本用不上的东西。

人在难过的时候，往往容易做出保守的决策。如果一个人连续一个月都找不到工作，甚至连个面试的机会都无法得到，他就很容易产生随便一份工作都可以接受的想法。

我们在心态平稳、情绪没有波动的情况下，能更好地判断自己是否有购物需要以及评估自己的能力。所以我们最好在心态平稳的时候做决策，而非在自己心态大起大落的时候。

但是，我们总是喜欢在情绪影响下做出决策。比如在吵架的时候提分手，在浪漫的时刻说出求婚的话，在委屈的时候提离职，在发现同事的工资比自己高的时候跳槽……如果情绪是一头凶猛的大象，决策就如同一只软弱的绵羊，当大象奔跑起来的时候，绵羊必须想好往哪个方向跑，否则就会被踩扁！

很多人一辈子都在尝试控制情绪大象，这是完全不可能的事情。你越去尝试控制，结果越容易适得其反。有些人甚至会给自己贴上一个"不成熟"的标签，既然我不是一个成熟的人，那就让自己的情绪为所欲为吧。

其实，当你面对一辆奔驰而来的汽车时，你应该做的是躲开，而不是和汽车比谁跑得更快！

情绪上来了，你完全可以先暂停你的决策。你可以去哭，去笑，去大喊大叫。《论语·公冶长》中说："季文子三思而后行。子闻之，曰：'再，斯可矣。'"

如何做到把情绪和决策分离？我有一个特别好的方法：多出去走走。

我曾有一名情绪波动较大的下属，总是习惯在冲动的时候做决策。这给他还有整个团队都造成了很大的困扰。

后来我发现一旦他的情绪开始波动，他就会情不自禁攥紧拳头。于是我找了一个他情绪正常的时候，约他下楼转转，以平和的语气描述了他的状态。他非常坦然地承认了自己的情绪问题，于是我给了他一个建议：以后再有情绪波动的时候，不妨果断离开座位，下楼走走。

他将信将疑，我告诉他我会帮助他。过了几天，在一次团队开会的时候，我注意到他的手攥成了拳头，于是果断走到他身边，悄悄地说了一句："你下去走走吧。"

他整个人在听到这句话的时候完全松弛了下来。本来很尖锐的发言以一种很柔软的方式结束了。此刻，他明白了我的用意。

我们与其思考如何消灭情绪或者控制情绪，不如思考如何不让情绪影响自己的发展。让情绪的大象在空旷的环境中尽情奔跑，跑累了大象自然会停下来，与此同时我们也保护了决策的小绵羊，让它不会被狂飙的大象踩伤。

在这里，我再向大家推荐一个我自己常用的方法：在兴奋的时候多想想失败，在沮丧的时候多想想成功。

现在公务员考试的难度越来越大，但大家依然对公务员考试热情高涨。我常常给想要参加公务员考试的学生及其父母泼冷水，因为当一个人决定报考公务员的时候，他往往觉得自己是能考上的。这种时候我会问他们有没有想过考不上该怎么办，父母能不能接受孩子持续考三五年都考不上的结果。你可能觉得这听起来太离谱了，其实这是大概率事件。

但在临近考试的时候，如果他再来找我倾诉他的焦虑和沮丧，我反而会安慰他："没事的，你努力了，就很有可能考得上。咱都学了这么久，肯定要去拼一把，就算没考上，咱也为下一次积攒经验了！"

得意必然忘形，失魂必然落魄。所有的事情都遵循物极必反的道理，你的人生不会一路长虹，也不会永沉地狱，更多的时候是盛极而衰与否极泰来的周而复始。

除了以上两种方法，我还有一个很好的方法：决策复盘。请注意，决策复盘并不是让你对结果复盘。

我第一次创业时，帮助我的投资人是一位交友广泛的性情中人。平时他有很多酒局饭局，可是一旦喝多了，就很容易在醉酒状态下做出重大决策，比如投资某个项目几百万。

几乎无一例外，在这种状态下决定的投资都失败了。他痛定思痛，告诉几个副总裁："以后我喝酒时说的话，一律不能作数，要等我第二天早上酒醒了再找我确认！"

从那以后，他的集团少了非常多的"性情投资"，投资的笔数变少了，成功率却变高了。

很多人知道我们要对结果进行复盘，但是很少有人对自己的决策进行复盘。无论你今天做了什么决定，你都可以在第二天找一个独处的时间好好思考一下这个决策是否合理。单单这一个动作，就能帮你少走很多弯路，减少很多无谓的付出。

说了这么多关于决策的问题，我们再来聊聊情绪这头"失控的大象"。

在前面讲述 NLP 思维层级的时候，不知道你是否有这样的疑问：高层次认知的人是否会受到低层次思维方式的影响？

一个人的格局再高，使命再远大，也会有喜怒哀乐，人始终是人，而非机器。

不同的是，不同思维层级的人受同样一个问题影响的比重可能是不同的。比如一个完全以环境层次思维为主导的人，他的一切完全受环境影响；而一个以身份认知层级思维为主导的人，虽然也会被环境影响，但他的情绪波动可能完全处于他可控的范围内，而这体现在外就会变成别人常说的职业感和成熟度。

所以，当情绪波动时，你既可以尝试挑战去"驯服"情绪的大象，也可以寻求一些外在帮助，比如少见影响你情绪的人，或者去寻找一个供你吐槽的树洞，或者是做一些让自己开心的事情。

能否控制情绪并不重要，重要的是你能控制你的决策。当车撞上来的时候，如果你跑不过汽车，记得要躲开，而不是和它比赛谁跑得快。

2. 如何正确认识"职场打压"

我曾在学员中做过一次调研：你是否遭遇过"职场打压"？几乎所有人都举手表示曾遭遇过。

这其实是一个非常奇怪的现象，为什么这个词突然之间火遍职场？我回忆了我过往的职场经历，几乎从来没人跟我探讨过这个话题。

不可否认，"职场打压"肯定是真实存在的，我也听到过很多惨痛的经历，我自己其实也曾遭遇过一次。

2012年的时候，我参加新浪的校招，成功从一名实习生转正。这是一个美梦成真的故事，故事之所以有趣，就在于它的曲折。

在我入职后没多久，原先器重我的老领导升职调走了，团队里另一个人成了我的新领导。新领导上任后，我感到气氛明显转变了，新领导总是挑我的错，当时我年少无知，还以为这是领导对我的关心，直到发生了这样一件事。

我们部门上班和按时打卡的部门不一样，我们实行的是倒班制，早班需要7点到公司。有一天我上早班迟到了，7点10分才到公司。那天新领导也和我一样上早班，他严厉地训斥了我的迟到行为，并要求我在大门口罚站。

我感到很难为情，毕竟站在部门大门口。但我也可以理解，自己做错了事，给自己一次教训也是应该的。

可是到了上午8点，我惊讶地发现，一个和我一样上早班的同事风尘仆仆地飞奔而来——她也迟到了！

我本以为她会遭到更严厉的批评，万万没想到，她仅仅是说了声"不好意思，我迟到了"就坐下开始办公了。而那位对我十分严厉的新领导只回了一句："没事，抓紧时间干活。"

我一下血就冲上了头顶！凭什么我迟到10分钟就要罚站，她迟到一小时什么事都没有？

于是我怒发冲冠地冲进了办公室，极力压抑自己的情绪问："老板，您有时间吗？我想跟您单独聊聊。"新领导看出我神色不对，也不想把事情闹大，于是站起身来，说："走，我们到天井那儿抽一根去。"

来到天井，我非常克制地表达了我的不满。我认同做错事就应该被惩罚，但我不能接受不公平，为什么同样是迟到，结果却完全不同？

新领导却并没有给我道歉，他说："我对你严厉，是因为看重你。你做错事，如果不能给你一点教训，那你很难改正。那个同事已经没救了，没有你有前途，所以她爱咋咋的吧，我懒得管她！"

　　这种话鬼才相信。但当时的我孤身一人在北京，也没有任何退路（基本上没有公司会要一个刚工作三个月的年轻人），只能选择忍耐，毕竟这个工作机会是我千辛万苦得来的，我不能轻易放弃！所以我只能违心表示感谢："还是您对我好，这是要锤炼我啊，太感谢了！"

　　这位领导也知道见好就收，立马表示："你赶紧进去干活吧，站了一个小时也够辛苦的。"于是这场闹剧就这样结束了。

　　PUA 的典型特征就是对方会声称"这都是为你好"，事后我也坐实了这件事。2018 年我去北京出差，那时我已经是一家小独角兽公司的 CEO 了。和老同事聚餐时，我问了几个知道底细的人，那个人当年到底是不是针对我？几位老同事面面相觑，但还是告诉了我真相。

　　因为他知道我是前任领导招来的人，所以一直怀疑我是留下来的"间谍"，时刻会去打小报告，所以从他上任的第一天起，他就想方设法赶我走，只是没想到我那么坚忍，竟然一直留到最后。

而这位害怕别人当间谍的领导，在上任半年以后，因为涉嫌泄漏公司机密、挪用公款等问题被开除了。

在我 11 年的职场生涯中，这是唯一一次被 PUA，但我的很多学员都声称每天自己都在遭遇 PUA，难道是因为现在的职场人都爱干这种事吗？

2022 年的时候，我给一位初入职场的女生做过一次职业咨询。她负能量爆棚，一个小时的咨询时间中，至少向我吐槽了 20 分钟。

她绘声绘色地给我描述了老板如何 PUA 她，同事们如何排挤她，人力同事多么阴险……总而言之，公司就没好人。

当她发泄完情绪之后，问我："水哥，你说我是不是应该裸辞，这样的工作是不是不干也罢？"

这样的问题，你回答是或者不是，都会掉入她的情绪怪圈。如果你迎合她，反而会害了她。如果你给她讲道理劝她，她就会觉得你不理解她，你也是在打压她。于是我对她说："我特别能感同身受，职场人确实有很多人喜欢打压别人，还美其名曰'我都是为了你好'。不过像你这样，被这么多人打压的也确实少见。有没有可能，这中间有一些误会呢？"

"没有误会，他们就是打压我！"女孩不假思索地回答，

"我是真的受够了，要不是现在还没找到下家，我早就跑了！"

于是我问："我很好奇你的老板。他为啥要出来创业开公司呢？"

她马上说："这还用问？为了赚大钱啊。这些商人都一样，无商不奸，剥削我们员工！"

于是我接着问："你说得对，他这么打压你，能让他赚到更多的钱吗？"

女孩有点迟疑，她大概知道我想说什么了，于是答道："好像不能。"

我接着引导她："如果你老板就想赚钱，而他天天 PUA 你又赚不到钱，他为什么还要这么做呢？"

女孩还是不太服气："水哥，我知道你想说什么，可是这是真的，他真的天天 PUA 我！虽然我也不知道为什么！"

这其实才是真实的现状。

当这个词火遍大江南北，很多人一下就找到了逃避的绝佳借口：原来领导一直在打压我（而不是批评我）！

于是，父母的期许变成了打压；领导的批评变成了打压；同事的意见变成了打压。只要有人说他不对，那就是在对他进行打压！

这里我给大家分享一个识别自己是否被他人打压的方法。

假设你的身材并不苗条——

如果一个人对你说："你太胖了！"这是在陈述事实。

如果他对你说："你太胖了，需要减肥！"这是他在向你提建议。

如果他说："你太胖了，真的很难看！"这是他在批评你。但很多人往往会把这个当成是对方正在对你进行打压。

真实的打压是他对你说："你太胖了，没有人会喜欢你，只有我会喜欢你！"

打压的核心是控制，不是批评。现在想想他们是想控制你，还是只是说话语气重了些？

除了很多人不会区分打压以外，还有一个原因造成了打压这个词语的流行，那就是著名的"肺结核效应"。

肺结核效应应该是病态"美学"发展到巅峰的代表作。

不管是古代的东方还是西方，都认为皮肤白是非常美的，不过比起东方，西方人所追求的白皮肤要夸张不少。

欧洲人虽然是白种人，但实际上大多数欧洲人的肤色并没有东亚地区的人白皙，为了使得自己的皮肤更白，他们会不断往身上涂抹各种药粉。在用来变白的药粉当中，有许多是含重金属的。这就好像古代的不少帝王，为了追求长生不老，而服用各种剧毒炼制的丹药，西方的美白，也让许多人付出了巨大的代价。

如果仅仅涂抹重金属的药粉，倒也没什么，后来欧洲人发现另一种"美"，那就是肺结核或者肺痨患者的美。

那时候西方的医疗条件很差，肺结核之类的病症是无法治愈的，而人们觉得，得了这种病的女子皮肤会变得非常白，没有血色，呈现一副娇弱的样子，欧洲人曾很沉迷这种美。

现在人们对于这种病敬而远之，但18世纪的欧洲人却以此为时尚。

刚开始，人们是在自己的皮肤上涂抹药物，然后矫揉造作显得病态，后来干脆故意与肺结核或者肺痨病人接近，让自己患病。

当时结核病的病理还没有被确定，有些人认为肺结核是由激情受挫导致的，而这又反过来让人更加敏感、富有创造力。而当结核病被现代的医学驯服之后，人们就发现，结核病并没有什么可怕或是可爱的地方。

当时，"苍白"和"消瘦"被看作是贵族气质的外在体现，因此逐渐走向没落的贵族希望通过这种无意义的外在表现拉开自己和新兴阶级的距离，显示自己的优越性。

苏珊·桑塔格曾这样总结：对势力者、暴发户和往上爬的人说来结核病是文雅、精致和敏感的标志。18世纪发生的新的社会流动和地理流动，使财富和地位不再是与生俱来的东西，而是必须有待确认的东西。确认的方式，是凭借有关服装的新观念（时髦）和对待疾病的新态度。服装和疾病双双变成比喻，来喻示对待自我的新态度。

肺结核曾经有个美誉：艺术家的疾病。患肺结核的作家的共同特征是高产，充满写作激情，技巧细腻，感受力敏锐，偏爱病态美。20世纪以来，有关专家从心理素质方面研究，特别指出：患肺结核的人大都聪慧，富有才华，而且多愁善感，感情强烈而纤细，甚至过于敏感，过于脆弱……

欧美许多名人都得过肺结核：济慈、雪莱、拜伦、肖邦、歌德、席勒、梭罗、卡夫卡、契诃夫、劳伦斯、勃朗宁、勃朗特三姐妹、费雯·丽、托马斯·贝恩哈特、凯瑟琳·曼斯菲尔德、尤金·奥尼尔、托马斯·曼、柯南道尔……所以大仲马幽默地说：患肺结核在1823年是一种时髦。

病态美学时至今日依然存在。某著名主持人不健康饮食，把自己饿出了胃病，并声称胃病是一种荣耀；无论男女，都开始追求所谓的"白幼瘦"，只要瘦小就是美。甚至有些人希望自己得抑郁症，因为他们觉得这是一种富贵病，很高级！

PUA的风靡，很大程度上也来源于病态美学。我渴望获得群体认知，渴望在群体中获得照顾，那该怎么办？很简单，卖惨就可以了！我必须扮演一个弱者的角色，这个世界都在欺负我，而你们要做的，就是来帮助我。

更多的人，则是一种盲从，别人都被 PUA 了，我如果没有，就显得我不合群，所以我也需要找到一些"案例"来证明我被 PUA 过。

其实这个世界上没有那么多打压，就像莫泊桑在《一生》中写的那样："生活不可能像你想象的那么好，但也不会像你想象的那么糟。"

3. 认为自己不会错的人往往错得最多

乔布斯曾说："我喜欢和聪明人一起共事，因为完全不用考虑他们的自尊心。"这句话道出了"聪明"的本质，那就是"知之为知之，不知为不知，是知也"。

做错了就得道歉，是一个谁都明白的道理，却只有很少的人能做到。

我们在思考自己的决定是否错了的时候，并不是看是否真的错了，而是看当下的环境是什么样的。

如果是老师批评自己，很多人会选择认错；但如果是同学批评自己，恐怕大多数人都要反驳一句：你凭什么教训我？

如果是老板私下批评自己，很多人都会思考自己是不是真的做错了；可要是老板当众训斥自己，那大多数人一定会选择强词夺理，找一堆客观原因来证明他没有错。

认错是一件难而正确的事，狡辩是一件简单但错误的事。人性总是追求"奥卡姆剃刀原理"，即简单有效原理。如果我选择认错，那么我就要继续阐述我错在哪里、后续如何改正、如何验收等问题，这就非常麻烦；但狡辩则很简单，只需要干一件事，那就是证明我没错。

我们之所以无法认错，是因为人性当中有一个强大的拦路虎，叫"他尊心"。我们都听说过自尊心，但几乎没人听说过"他尊心"。

看到这里你不妨扪心自问，你有自尊心吗？相信所有人都会说有。但事实上，大多数人都没有自尊心，只有他尊心。

自尊心，按照字面意思，就是自己尊重自己的心理状态。延伸得更宽泛一点，那就是认可自我价值，欣赏自己，喜欢自己，爱自己。

参照这个标准你可以认真想想：你真的有自尊心吗？

有多少人打心底里瞧不起自己？我在做咨询的时候，最常听到的开场白是：我是一个普通二本学生，我学历比较差，我长得有点丑。诸如此类的话翻来覆去每个同学都在说，处处体现出他们其实内心是不认可自我的。

但对每个人来说，他可以瞧不起他自己，但别人不能瞧不起他。这种心理现象就叫他尊心。

父母可以说自己的孩子不好，但外人不能说。我可以自我反思，但你不能批评。我可以抨击母校是垃圾学校，但如果碰到外人说自己母校坏话，就会马上反驳。

很多人错误地把他尊心当成了自尊心。于是对他们而言，尊重自我这件事成了一件需要他们向外求的事：求社会的认可、师长的肯定、父母的鼓励。而外在的一切都是不确定的，不确定就会让人焦虑和痛苦。

而自爱是可以确定的，那是你向内求得的。无论沧海桑田，你都可以选择爱自己、认可自己。

2022 年 6 月底，我选择从网易离职出来创业。8 月份的时候找到了合伙人，打造了"水哥职说"IP，刚开始直播的时候，很多老同事在背后议论我：

"你知道吗，水哥现在去搞知识付费，'割韭菜'去啦！"

"知道知道，他在网易干不下去了，其他大厂都进不去，所以只能去'割韭菜'。"

"我早就看出来了，他没啥水平，你看看，我当时预言得多准！"

与此同时，直播间里也出现了大量的"黑粉"，"喷"我的方式主要是这样的：

"你一个 CEO，出来开直播？骗人的吧！"

"打着腾讯、网易的旗号，马化腾和丁磊同意了吗？"

"你是被裁的吧，还好意思出来讲课？"

我很庆幸，我是一个有自尊心的人，但我几乎没有他尊心。

面对所有的质疑，我的回答只有一个："对，确实是这样。"或者选择不回应。

很多了解我的朋友常常劝我："水哥，看着那些'喷子'我都着急，你为啥不回应呢？"

其实我曾经尝试过回应，但你无法叫醒一个装睡的人。

我晒出了我的主动辞职证明，他们说是 PS 的；我晒出了大厂的工卡以及级别证明，他们说是 PS 的；我晒出了我的个税缴纳 App，证明我的年薪真的有那么多，他们说是 PS 的。

这就是人性。在日本著名导演黑泽明的电影《罗生门》中，樵夫大喊着"我说的都是真的啊，你们要相信我！"其他人则冷冷地回应："即使你说的是真的，我们也不能相信你！"

所以你不必回应世界的恶意，只需要接受自我的善意即可。恶就是恶，它不会因为你证明了，就变成了善。对于网络"键盘侠"来说，最开心的时刻莫过于收到你的回应。你回应他说明你在乎他，说明你痛了，他的价值就在此刻体现。但你好像又不能无视他，因为有些执着的"键盘侠"会锲而不舍一直"喷"你。那该怎么办呢？

其实最好的方法就是承认。

"键盘侠"攻击我说："你是不是找不到工作才出来开

直播？！"

我直接回答："是的。"

"键盘侠"一下就傻了，这路数不对啊，这人竟然不反驳我！于是默默地走了。

我根本不在乎别人怎么看我，我只在乎我的灵魂如何审视自己。

可是，不是我的错，我也要承认吗？！

这是很多小伙伴问过我的问题。"我真的没有错，可领导非说是我的错，我要是认了这个错，那不就坐实了吗？"

这里面其实有两点要说明。首先，立场不同，对事情对错的判断就会不同。其次，你高估了认错的成本。

我们先来探讨对错的问题。电影《罗生门》中，每个人都认为自己是对的，但事实上每个人都说了谎。事情的真相是确定的，但对对错的判断可能取决于立场的不同。比如你加班到半夜，领导可能认可你的工作态度；同事可能认为你是在谄媚；父母可能由此对你的工作强度忧心忡忡；同学有的在同情，有的在祝福，还有的在幸灾乐祸。由此可见，罗生门无处不在。

我没错，你没错，他没错，那谁错了？有可能都没错，也有可能都错了，只是大家的立场不同罢了。这意味着你必须更多地考虑别人的立场，纵观全局，而不是永远站在自己的立场考虑对错。

在面对此类问题时，我的处理方式往往是"搁置争议，共同进步"。去争论对错没有任何意义，一只猴子无法理解人为什么要穿衣服，人也无法理解猴子为什么总是把屁股展示给别人看。这是立场的不同，而不是对错之论。如果你选择了搁置争议，尊重自己的同时也尊重他人的看法，那就可以达成共识，携手共进。

比如有人批评我不修边幅，有点邋遢。没关系，大方承认即可，只要不影响你们之间的业务合作。在此情形下，又何必去苛求所有人认可你的行为，并且为此多费唇舌呢？

很多人不肯认错，除了他尊心与立场问题作祟以外，还有一个很重要的原因，就是高估了认错的成本。

绝大部分的职场环境并不是法庭审判，不是你认了罪，就会被审判。更多的时候，大家争吵是为了统一意见，而不是你死我活。即使是领导的批评，绝大部分时候也并不会让你降薪降职，更不会被炒鱿鱼，反倒是针锋相对、固执己见，造成的后果更严重，你可能会与同事反目，也可能被老板一怒之下开除。

大儒朱熹在《四书集注》中写道："日省其身，有则改之，无则加勉。"这是一种大智慧，面对别人的批评，第一时间想的不是别人的想法（他是不是针对我），而是我是不是哪里确实还有进步空间。即使别人误解了自己，我们也可以勉励自己，继续努力，争取做得更好。

我自己有一个"黄金3分钟"原则：无论与你沟通的人说得多么荒谬，都要耐心地给他3分钟时间让他表述完。我们很多人，受不了一点点的误解，只要对方哪句话说得不合理，立刻就要反驳；只要对方有一个词用得不合适，马上就要针尖对麦芒。不轻易地打断对方的说话，这是基本的礼貌，也是降低误解很好的方式。

在对方讲完3分钟后，我会很耐心地确认中间一些我疑惑的地方，请他加以解释，以免由于语言的遮蔽性造成误会。在自己发言前，我还会微笑着确认一遍："我基本了解了，您看您这边还有没有要补充的，如果没有，请您给我几分钟，让我稍加解释，可以吗？"

这样的沟通方式百试不爽，你尊重对方说话的自由，也是给予自己充分解释的空间。即使他是在胡说八道，语无伦次，但这对于你的自我认可并没有什么影响，所以不妨遵循朱子所说的"有则改之，无则加勉"，方为上策。

4. 爬梯子时，记得保持梯子的干净

在我刚出来创业的时候，有人和我说："水哥，你在腾讯工作的职位，不应该写高级产品经理。高级产品经理太不高级了，这会让人误会你水平不高，不如直接写产品总监，这样会更吸引人。"

对此，我明确表示了拒绝。因为我知道，当你爬梯子的时候，一定要保证梯子是干净的。

我们假设这位朋友的建议有用，我也因此得到更多人的关注与流量，这看起来好像没什么问题。但世上没有不透风的墙，撒谎总是要付出代价的。

创业半年后，我的很多粉丝都知道了我姓甚名谁，公司在哪里。相信不久的将来，我的更多个人信息会暴露在公众的面前。这让我在做自我宣传的时候，更加谨慎小心。

登高易跌重。当你处于事业上升期的时候，一定要爱惜自己的羽翼。这就像你为了爬上房顶，搬来了一架梯子，你

在爬梯子的时候没注意自己的鞋底是否干净，当你想从房顶下来的时候，留在梯子上的淤泥就很有可能让你滑倒。

2020 年，我就职于百度。当时百度有一个大牛，高调加盟了另一家大厂，关于他的公关稿满天飞。万万没想到，半个月后，那家大厂宣布收回大牛的录用通知书，原因是他履历造假。此事一出震惊圈内同行，很多同事私下跟我聊及此事，都认为是他太高调了，我却认为都是"造假"惹的祸。

跳槽无可非议，很多高管跳槽的时候都是众人皆知。但过于夸大过往经历，粉饰历史业绩，就不可取了。

刘备临终前曾说："毋以善小而不为，勿以恶小而为之。"这可能是刘备这辈子说过的最有哲理的话了，我想以此话与诸君共勉。

可能很多人在做假事、说假话的时候，往往抱有侥幸心理，但若要人不知，除非己莫为。而且从实践的情况来看，面对大事造假，有很大概率会被发现，这么做没有任何意义；面对小事造假，则更没有必要。

5. 驾驭你的信念大象

不知道你是否有这样的发现：坏的习惯特别容易养成，好习惯却很难坚持。比如你刷短视频和打游戏的时候很容易一开始就停不下来，但你可能已经很久没有看完一本书、听一个讲座，或者是运动一小时了。好习惯一直在远离你，坏习惯却离你越来越近。

你是否在晚上睡觉前下定决心，第二天一定要有一个新的开始，好好努力，但是一觉醒来，又是一切照旧？

很多人都这样，晚上睡前千条路，早上起来走原路。

那么到底是什么，让你变得越来越差？那些越来越好的人，到底有什么秘密？我该如何复制他们的"超能力"呢？

在这里我想先引入一个概念——即时反馈。

即时反馈：当你做任何一件事时，都能在极短的时间内知道结果。

即时反馈看起来是一个中性词，但却暗藏很多陷阱。

我来分享一个真实的故事。

我有个朋友，姑且叫他小王。小王原来在一家教育培训机构当老师，现在他改行送外卖，还送上瘾了。据他所说，他最开始送外卖的原因很简单：失业了，总得挣钱养活自己。当时他听说送外卖也能每个月挣上万儿八千，于是决定先送一段时间外卖过渡一下。没想到，在送了三个月外卖后，他越干越起劲。从每天干几个小时，到现在一天能连续干十几个小时。

我问他："你现在还愿意回去当老师吗？"

他说："拉倒吧！当老师挣得少，还没自由。我这多好，送一单就有一单的钱，想不送就可以歇着，家里还能顾得上，多舒服！"

这可能突破了很多人的认知，几乎没有人会认为送外卖比当老师好。但那是因为你没送过外卖。

我之前也不理解小王的想法，直到我跑了一次滴滴顺风车。

由于我回家路程遥远（160千米），为了分摊油费和过路费，我决定顺道跑趟顺风车。

我的第一单还不错，挣了200多块钱，只是多花了半个小时而已。当我把乘客送到他的目的地时，我点击了"已抵达乘客目的地"。钱马上就到账了，我的账户里马上多了200多块钱！

在我的钱到账后滴滴马上又弹出一条消息：还有一单也很顺路，点击接单。

我下意识就点了接单。结果那单路线特别离谱，根本不是"顺风车"，可能叫"逆风车"更合适。

于是我理解了小王为啥会爱上送外卖。后来我的理智战胜了我的冲动（也可能是因为路线太绕了，让我决定放弃），关掉接单窗口，直接回家了。但我关掉窗口的时候，还真有点舍不得，虽然那单只有30多块钱。

即时反馈，瞬间给了我满足，刺激我分泌多巴胺，甚至让我忘掉了我开顺风车的初衷。

小王最开始送外卖的目的：失业了，先过渡一下。

三个月后他的目的变成了：这份工作不错，自由。

我跑顺风车的初衷：顺路，分摊费用。

在我跑完一单后我的目的马上变成了：多跑几单，挣点钱。

有人可能会说："那不也挺好的吗？你看你还赚到了钱！比原来更勤奋了！"

即时反馈看起来无所谓好坏，但如果你被它控制了，事情的好坏就由不得你了。

比如，现在我推荐你看三本书：一本是经济学著作《国富论》，一本是国内顶尖的科幻著作、雨果奖的获奖作品《三体》，一本是热门网络小说《校花的贴身高手》。你会选择看哪本？

我猜，你要不选择了经济学著作，要不选择了获奖的科幻作品。但是你认真回忆一下，你过去到底把大量的时间都放在哪类书上了？

热门网文除了让你觉得情节高潮迭起欲罢不能之外，几乎很难给你带来什么营养。而那些有营养的经济学著作，大多数人在看了半小时后给出的评价都是"没劲"。

我们之所以会觉得这类书"没劲"，就是因为这类书缺少即时反馈。人总是倾向即时满足，如果有事让你感受到"费劲"和"被消耗"，你就会选择拖延甚至选择忘掉它。

虽然我们在理智的指导下倾向选择"向善"和"向上"，但很多人都会被即时反馈打败，最后成为它的奴隶。

即时反馈有激励作用，正如古典管理学领军人泰勒所说："人总是懒的，你需要拆分奖励，让他不断前进（计件工资）。"

但是在情绪面前，尤其是"坏"的情绪面前，即时反馈的缺点会被无限放大，甚至可能摧毁你的人生。

比如，想象一下如果你的上级在工作沟通群里公开指责你根本无法胜任这份工作，你会是什么反应？很多人可能会脑子一热，脱口而出："你算老几，老子不干了，这活儿谁爱干谁干。"随后，你们大吵一架不欢而散。你甚至不知道自己究竟是哪里不称职，也不知道可以如何改进自己的工作方式，就在一气之下丢了工作。在这件事里没有任何人获利，也没有任何人因此得到进步。

然而这还不是最坏的。最坏的是：即时反馈塑造了你的"信念系统"，让你再也无法进行正确判断。

我简单解释下信念系统。我们的大脑会给我们每天需要做的每一件事赋予一个理由。而我们的大脑每天需要处理的事情太多了，为了减少自身的"能耗"，大脑就会根据既往经验给出固定结论，也就是说为了避免大量重复思考，大脑会通过"抽象简化"对事件进行"自动归因"，最终就会形成一个体系，心理学家将其称为信念系统。（信念系统实验来自认知失调实验。）

回到刚才的例子。上级确实有可能是因为想针对我们而批评我们，当我们察觉到对方这个意图的时候，想要反击实在是情理之中。但是我们的信念系统在这件事之后就会把这个例子纳入它的数据库，一旦这样的案例积累得足够多，我们很容易形成这样一个信念：只要他指责我，就是针对我。

这就太糟糕了！要知道，指责并不一定都是针对，也可能是对方在向你提出一个建议，给予你一次帮助。

不知道你有没有遇到过这样一种人，开会的时候，谁给他提意见，他就反驳谁；谁指出他的问题，他一定要解释自己没问题；如果有人在开会的时候笑了一下，他甚至会觉得那是在嘲笑他。

显然，他的信念系统出了大问题！他根据过往的即时反馈得出这样的结论：凡是指责我的，都是针对我。久而久之这就成为他的思维定式。

纽约大学著名社会心理学家乔纳森·海特在其经典著作《象与骑象人》中写道："人的情感面（信念体系）就像一头大象，而理智面就像一个骑象人。骑象人坐在大象上，手里握着缰绳，好像是他在指挥大象。但事实上，他的作用微不足道。一旦发生冲突，他想往左，而大象想往右，通常他是拗不过大象的。"

如果你想持续变好，就要学会控制住你的"大象"，成为合格的骑象人。

信念大象有什么特点呢？

（1）信念大象的力量大。一旦爆发，骑象人根本无法控制大象。就像我们很容易在情绪失控的时候做出出格的事。

（2）信念大象会归纳总结。我们的信念系统会帮我们总结每一件我们做过的事，就像大象一样会不断长大。

（3）信念大象会举一反三。我们的信念系统稳固后，很容易在遇到类似的事时做出固定的动作与反应。

那我们该如何"驯服"这头大象呢？我们可以求助于"即时反馈"。

即时反馈，是一把双刃剑，一切都看你怎么用。

（1）尽量远离让你即刻感受到快乐或痛苦的东西。

所有情感的即时反馈，几乎都是大象的"野性"。比如短视频带来的快乐会让你形成"刷短视频可以给我带来快乐"的信念体系。于是你更容易刷短视频刷到根本停不下来。

（2）在遭遇突发事件的时候，先让自己从大象身上下来。

当你面对突如其来的指责时，无论你当时想说什么，都不妨先离开这个环境。比如你可以买杯咖啡，可以跑步，只要离开这个环境，你做什么都行。因为你无法控制一头力大无穷的大象，要等大象累了，不折腾了，你再过去。这时你可以去看看大象到底遭遇了什么，自己又该如何改善大象。久而久之，你就会形成一个好的信念体系：有则改之，无则加勉。

（3）给大象一个家。

这个家是你强大的身份认知。

你要想清楚自己未来想成为谁。比如你想成为一个物理学家。那么你的大象即使失控，最后还是会回到物理学家的定位上来。如果你对自己的身份认知不清楚，你的大象就像在非洲草原上漫无目的地散步，走到哪儿算哪儿。

（4）给好的事情创造即时反馈。

判断什么是好习惯很容易，坚持好习惯却很难。

比如我们都知道阅读有深度的书籍，是一个好习惯。但是读书因为缺少即时反馈（我们常常在看完一本书后发现，这好像也没什么用），所以我们总是很难坚持这个习惯。

想要解决这个问题，就需要你人为创造即时反馈。

我曾经也是一个读书坚持不下去的人，现在我把每天读的书整理成文章，发在微信公众号、头条号、知乎等各类平台上。在我获得粉丝后，我不仅受到了认同上的反馈，也开始得到物质上的反馈。这些正面反馈在帮我驯化我的"大象"，反过来又督促我去读更多的书。

更关键的是，如果你在"读书"这个环节已经获得了足够的乐趣，你就会减少通过"刷短视频"获得乐趣。人就是在跟自己的竞争中不断优化自我，才能取得进步。

6. 选择成为自己的骄子

　　古希腊有一个神话故事，故事背后揭示了一个效应——皮格马利翁效应。

　　皮格马利翁是塞浦路斯的一位王子，他心中一直有个完美女性的形象，于是决定用雕刻塑造出来。在他完成雕刻之后，他爱上了自己的作品，并且像对待人一样对待她，最后这尊雕塑竟然活了！雕像睁开了双眼，热情地回应皮格马利翁。

　　这个故事引起了美国哈佛大学心理学教授罗森塔尔的兴趣，于是就有了之后广为人知的罗森塔尔实验。

　　罗森塔尔找来一些小白鼠，分成两组，准备训练他们完成走迷宫的任务。他找来了A组、B组两组队员分别训练两队小白鼠。罗森塔尔告诉A组，他们手里的小白鼠，是被精心挑选过的，智商极高，只要好好训练一定能成功。他又告诉B组，他们分到的都是普通的小白鼠，让他们尽管试试，还是有可能完成这个任务的。当迷宫游戏正式开始时，A组的小白鼠迅速完成了任务，而B组的小白鼠却失败了。

为了进一步验证自己的猜想，罗森塔尔联合自己的朋友雅各布森教授，又策划了一个天赋测验实验。他们从一所小学挑选了18个班级（1~6年级，每个年级挑选3个班）的学生做一套测试他们天赋的测试题。

测试结束后，罗森塔尔给了所有老师一份名单，上面标注了那些天赋异禀的学生的名字。老师们收到名单之后，有点摸不着头脑。因为名单上什么人都有，有的孩子确实很优秀，但有的孩子却很普通，甚至有的孩子不仅成绩差，品行也不端正。罗森塔尔告诉这些老师，这是关于孩子天赋的测试，并不能按孩子现在的表现来评价。毕竟哈佛大学教授的名头摆在这儿，老师们也觉得有道理，于是此事就告一段落了。

不过实验并没有结束。8个月后，罗森塔尔重返这所学校，他惊讶地发现，那份名单上的孩子，成绩都有显著的提高，性格也变得更加阳光外向！老师们纷纷感叹罗森塔尔不愧是哈佛大学教授，看人就是准。但只有罗森塔尔与好友雅各布森知道，不仅测试题是他们随便编的，连名单上的名字也是他们随机抽取的。

而老师们受到哈佛大学教授的影响，相信这些孩子都是未来之星，于是他们开始格外关注这些孩子，努力帮他们进步成长。了解到自己是天之骄子的孩子，也会坚信自己就是天之骄子！

后来这种现象被称为"期望效应"，也就是我们所了解的罗森塔尔效应。

正向的标签可以让一个人越来越好，负向的标签则让一个人越来越堕落。

回到我们每个人自己身上。如果你有孩子，一定要向他传递正向的信号：你是一个努力的人！你是诚实的孩子！你可以专心做一件事，我为你骄傲。而不是指责孩子：怎么这么笨！怎么什么都不会！这么懒将来能干什么！

我们自己也要多结交有正能量的朋友，彼此之间可以相互鼓励，远离喜欢打击人的朋友，你越重视他越容易被他拖下水。

第三章

如何成为自己的
指路明灯

1. 建立框架思维，走出你的"迷宫"

为什么面对同样一件事，有的人就是能抓住关键，一语中的，而有的人总是漫无目的，把握不住重点？当我们遇到复杂的问题，如何才能做到抽丝剥茧、游刃有余地解决问题呢？

在我看来，"逢山开路，遇水搭桥"可以说是最差的思维方式。

本章我将与大家分享我的秘诀——框架思维。

让我们看一下以下两张图。

A

你是否觉得像图片 A 这样的迷宫是很难走出去的？你无法确定哪条路是对的，也很难记住每一次做的决定。更多时候你其实是在干同一件事——猜。但像图片 B 这种迷宫，虽然可能比图片 A 的迷宫还复杂，但你可能花几分钟就能走出来。

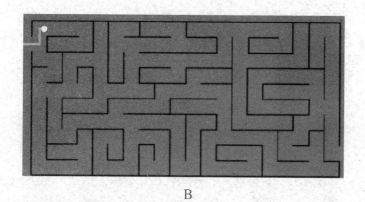

B

你的视角直接决定了你能否走出迷宫以及能多快走出迷宫。

框架思维的第一个好处：让你拥有上帝视角。

2016 年我作为面试官出席了一场校园招聘，在群体面试环节有这么一个问题：如果今天让你在学校门口开家餐厅，你准备怎么做？

整场群体面试共有五组学生参加，总计 60 人。这 60 人已经通过了简历筛选，可以说是这轮校园招聘中的佼佼者。

但一场面试下来，真正能切中要害的人寥寥无几。面试要求同学们通过无领导小组会议的方式找到答案。大家一上来就开始抢着说话，面试甚至逐渐演变成一场闹剧。

当时有一位同学成功吸引了我和另外一位面试官的注意，他问了我一个问题："面试官，我想了解一下，你们想让我开一家什么样的餐厅，预算与财务目标是什么？"他的问题让我们眼前一亮，这个问题说明，这是一个有上帝视角的人。而其他面试者却是玩家视角。

那么，不妨请你用 30 秒思考这样一个问题：如果你准备在一家工厂旁边开一家包子铺，第一件事应该做什么？

通常无外乎会有以下几种选择：

选择 1：去找个便宜的、距离工厂近的店铺，看看租金多少钱。（成本控制）

选择 2：先去调研下这个工厂几点上班，有没有食堂，工人都喜欢吃什么包子。（市场调研）

选择 3：先去找好合伙人，他负责进货，我负责售卖。合伙人才是最重要的。（团队搭建）

选择 4：去看看别人家怎么做的。（竞品分析）

…………

不同的角度会给你不同的选择方向。到底哪个选择是最好的呢？实话实说，以上的任何一种选择都不好。

可能有的人会不服气。比如，认为第一步应该选址的同学可能会质疑，开店第一步不选址还怎么开，很多成功人士都告诉我开店的第一步应该是选址。但是我想说做对了一次不等于次次都做得对。

这就像走迷宫，你走出去了，不代表你知道应该怎么走，你可能是因为运气好歪打正着走出去的。下次走，你可能就没这种运气了。

很多人喜欢用经验来指导自己做事，这其实是一种路径依赖，也许他过去曾因为这种方法成功过。但这个世界从来没有万能钥匙。

那些教你开店第一步先选址的人，就犯了路径依赖的毛病：用一套方法应对所有事情。我举一个简单的例子，比如你看中的店铺一年租金 100 万元，你手里只有 1 万块钱，难道非得贷款 99 万元，你才能开始做生意吗？

以上选择都不对的原因是，那些都是玩家视角指导下的答案。

只有上帝视角才能让你在走出迷宫时游刃有余。

你在"开包子铺"这个命题上什么都没想就选择先走一步，无论这步对还是错，最终都会进退失据。就像你在迷宫开始时，无论选择进哪扇门，都会迷路。因为你地图都没看就开始走，能不迷路吗？上帝之所以不迷路，是因为他在空中俯瞰全局，心里早有了答案。

如果是我，我会这样来开我的包子铺。从始至终，我只会把握一条主线，就像你在俯瞰迷宫时，不需要关注其他路，这条主线就是——我在哪里做什么样的包子才能卖得出去，才能让我赚到钱？

这句话对应了3个模块：（1）成本模块（在哪里做包子）；（2）生产模块（做什么样的包子）；（3）销售模块（怎么卖，如何赚到钱）。

其中，成本模块又分成2个模块：（1）固定成本（租金、水电燃气、生产设备）；（2）浮动成本（做包子的原料、人工的费用）。

而生产模块也可以拆分为3个模块：（1）谁来生产（是否雇用员工、产销是否一体化）；（2）生产什么（什么品类的包子，包子周边品类做什么）；（3）用什么生产（面粉、馅料选择）。

销售模块也可以拆分为2个大模块：（1）卖给谁（潜在用户是谁，他们什么时候来买）；（2）怎么卖（到店还是外卖、是否需要二级经销商）。

如果你觉得看不太明白，恰恰是因为你此时还在迷宫里。我们一起看一下下面这张图，你就能豁然开朗。

通过这张图我们能发现，成本、生产、销售虽然看起来各自独立，但都有很强的关联性。例如成本决定了定价的下限，销量的高低影响了后续的生产等。只有通盘考虑这些问题，才能让你在处理问题时，不会面临按下葫芦浮起瓢的窘境。

这种围绕主线通盘考虑问题的方式就是框架思维。顾名思义，用一个框架把所有维度都圈进去。

假设我们没有用框架思维进行前期规划，直接去选址，很可能在我们的项目初期就给自己埋下了多种风险。

比如，你租金花了5万元，总预期投入只有10万元，剩下5万元不够采购生产设备与原料，这是你没做成本规划导致的。你选了一个店铺，看起来离工厂很近，但却不在人流的主路径上，这是因为你没做市场调研。你选址选好了，后期经营却发现，由于店铺太小的问题，你无法扩大生产规模，这是你没做销售及选品评估导致的。

你选择从任意一个切入点切入，都很容易导致顾此失彼的窘境。最后你只能用一句"逢山开路，遇水搭桥"来壮胆了。

框架思维不是只能处理大事，我们在处理日常小事时也可以运用框架思维。其实任何一件事都可以通过框架思维来解决，框架思维能让你显得专业而周到。

比如现在你有一家包子铺，有一个员工最近老是迟到，你作为老板有点生气，这时你该怎么办？你是打算直接开除他，还是扣他的工资？

我们可以运用框架思维来解决这个问题。在这个问题里，框架的主线就是：这个人在团队中有多重要，我该如何对待他。

假如他只是兼职，每天负责收银工作，那么你可以选择用低成本解决这个问题（找到合适替代者后开除他）。假如他是做包子的厨师，每天负责整体生产工作，那么你需要评估整体局面后来解决这个问题。

（1）他是否不可替代？（是不是只有他会做、他做的包子是不是店铺的招牌等。）

（2）替代他的成本有多高？（比如换成供应商供货，是否会影响生意？）

（3）在这个环节中成本是否可控？你是否能承担这个成本？（做出最坏的打算）

如果你评估下来，他是"不可替代""一旦失去后果严重"的员工，你就不可直接开除，也不该像对待普通员工一样对待他。

此时你就要放下老板的身段去解决这个问题。去跟他谈心，聊理想聊抱负，推心置腹；深层次了解他迟到的原因；旁敲侧击询问他的打算等。

也就是说，即使是一个简单的迟到的问题，也需要你用框架思维来对待。

框架思维的第二个好处：摒弃一切非主线问题。

对于上述的举例，可能会有人揪着迟到的态度问题反复指责；还有人会纠结，我是该当着其他人的面批评他，还是私下和他沟通。纠结这些细节，就像在迷宫里迷路了一样。难道主线不应该是他是否重要，我是否应该挽留，以及如果需要挽留的话我应该如何挽留吗？

至于他的态度、你俩的面子，都只是这条主线外的细枝末节。可以适当关注细枝末节，但细枝末节不应该是你做事的核心。

综上所述，框架思维就是帮你从全局的角度看问题、解剖问题，从而全面地解决问题。它的好处在于让你能抓住主线前进，不被细枝末节过分打扰，高效地走出你所处的"迷宫"。

这个世界上有两种工作，一种是机械式重复的体力劳动，比如流水线上的工人，他不需要系统地思考问题，只要在固定时间做固定动作即可。但我的朋友，大多数都是从事动态灵活的脑力劳动，那么框架思维就尤为重要。

我问你，你公司的副总裁真的明确他管辖范围内的一切业务吗？难道他管理团队靠的是"逢山开路，遇水搭桥"？为什么有的人能管理十个部门，而你只能管理一个小团队呢？不是因为你不够勤奋，而是你总是眉毛胡子一把抓。

几乎所有跨团队管理多个业务的高管，都采取的是抓大放小、只看重点的管理方法。这就是老板们总是喜欢开会的原因，无论是周会、月会还是季度会，老板关心的问题其实就3个：（1）重要的事做得如何——我要看数据；（2）未来你们准备怎么办——我要看方案；（3）你们准备找我要多少钱——我要看预算。

至于具体的工作流程、使用了什么样的工具、需要什么样的技能，那都不是他关心的事。很多人之所以一直在基础职位上打转，如无头苍蝇一般，就是因为他做事常常舍本逐末。曾国藩也遇到过同样的困境。曾国藩与胡林翼并称"曾胡"，与李鸿章、左宗棠、张之洞并称"晚清中兴四大名臣"，封一等毅勇侯，谥号"文正"，后世称"曾文正"。有一些历史底蕴的读者朋友应该了解，谥号用"文"字，是对于官员非常高的评价，追谥"文正"，更是至高无上的荣誉。放眼整个清朝，被追谥"文正"的，只有8个人。但你可能不知道，这么一个大名鼎鼎的人物，考了7次才考上秀才。

道光十二年（1832年），曾国藩第6次参加科举考试，他的父亲曾麟书也一起参加。父子俩同上考场在当时也是常见事，毕竟科考太难了。这次科考，他的父亲曾麟书名列前茅，曾国藩也上了榜单，但却是另一个榜单，"悬牌批责"榜单。

什么叫"悬牌批责"呢？每次考试后，主考官都会挑几篇文章出来，作为范文。当然，有正面范文，也有反面典型，曾国藩这次的考卷就被当成了反面典型。主考官（学使廖某）认为此文是文理欠通的典型，文笔尚可，道理没讲通，大家要引以为鉴。

"文理欠通"在当时是很严重的批评。顺治九年（1652年），考试定级要遵循六等黜陟法：文理平通者列为一等，文理亦通者列为二等，文理略通者列为三等，文理有疵者列为四等，文理荒谬者列为五等，文理不通者列为六等。

因此，在当时被批为"文理欠通"是一件很难堪的事。想象一下，你考了0分，还要被当街示众是一种什么样的体验？

曾国藩没有气馁，这个人就有一股子倔强：我不是不能读书，我是没找对方法！

所以，老路行不通了，一定要从过去的学习思路中突破出来，寻求改变。主考官说文理不通，到底是怎么个不通法？以前的学习，有什么经验教训？曾国藩把自己历年的考卷和那些模范试卷放在一起反复对比，看看自己到底差在哪里。

其实曾国藩之所以屡次失败，主要是其父曾麟书的教学方法有问题。曾国藩开蒙后，很长时间内是由父亲曾麟书亲自教授的。曾麟书读书很笨，教育方法也十分落后，就是四个字，死记硬背。这样的教育方式，让他的基础打得扎实，却把曾国藩的灵性拘住了。反复对比后，曾国藩总结出来，自己的主要问题在于写东西过于拘谨，过于重视局部打磨，缺乏大局的贯通和整体的气势。那么，接下来，自己最重要的任务就是要在文章的大局观和整体气势上下功夫。

到了第二年，也就是道光十三年（1833年），曾国藩第7次参加科举考试。这次入场，曾国藩自信已经找到了门径。

以前学了十几年没有学通的他，这次仿佛打通了关节。曾国藩悟到了怎么写文章才能表达自己的真见解、真感觉，把道理讲通讲透。看过考题后，曾国藩并没有像以前那样急于下笔，而是先默坐思考了半个时辰，构思好了整体脉络，然后才一股一股地展开，最后在文笔上细细打磨。几场下来，他自己感觉发挥得比以前都好。

皇天不负苦心人，这次曾国藩果然高中秀才。从此曾国藩就像打通了任督二脉的武林高手，第二年，他就考中了举人，并于三年后进京会试时高中进士，年仅 28 岁。

我在读完张宏杰老师的《曾国藩传》这本书后，对曾国藩这一段经历印象深刻，也经常把这段故事讲给学员们听。这是"框架思维"的典型案例，如果你总是拘泥于辞藻堆砌，则一事无成；若能切中要害、言之有物、方能写就好文章。

职场上做事、做人也是一样的道理，拥有上帝视角，才能掌控全局。

2. 认识问题比解决问题更重要

如果本科毕业没有找到工作，你该怎么办？

很多人没想过这个问题，他们只会"撞上"这个问题。用撞上这个词来形容再贴切不过了，因为不到毕业季，真的有人完全不思考这件事。

在做咨询的过程中，我发现一个特别严重的问题，那就是大家更愿意选择努力解决眼前的问题，而不是选择首先认识问题。

作为一个本科生找不到工作，你会如何解决？

绝大多数人的选择就是考研！他们把找不到好工作的原因归结于自己学历不够。等他们考上研究生之后发现还是不好找工作，于是就开始心安理得地抱怨——我已经尽力了，大环境不好，我没办法。

其实在我们团队和很多公司的合作对接中，我们发现很多公司不是不招人，而是招不到合适的人。公司所谓的合适，不是你的学历越高越好，也不是你的学校越厉害越好，而是你能够适配公司提供的岗位与工作。

　　每当我和别人说学历并不是越高越好，学历高不一定好找工作时，就总有人质疑我：你是在宣扬读书无用论吗？怎么不是学历越高越好，学历低的就是没前途！

　　我举了无数个例子，试图告诉大家，职场不是唯学历论。绝大多数人的反应就是：这是个例！你说的这种情况都是幸存者偏差！

　　每次有普通本科甚至专科的同学找到好工作时，我都让他们和大家介绍自己的求职经历。结果等他们讲完，后续被问得最多的问题还是"这同学哪个学校的，读哪个专业？"，一旦他们得知这位同学学校普通，专业也不是热门专业的时候，往往会在评论区留下这样的"点评"：这不能说明什么，只能说明他运气好。

　　你认为世界是什么样，这个世界就是什么样。

　　下图就是某大厂运营岗位的招聘要求。通过这张图，你会发现他们对学历的要求是全日制本科就够了。

方向 3：卖场运营
1.负责卖场的规则建设和运营工作，优化卖场内商品结构和展现逻辑；
2.负责用户数据的分析和优化，负责日常以及大促期间流量的综合使用效率，以及频道内资源运营和流量分发；
3.省区目标拆解以及日常经营分析。在运营过程中输出自己的洞察。提出问题点优化空间，在运营过程中不断迭代。

· **任职要求**

1.2023 年应届统招毕业生，本科及以上学历，专业不限；
2.服务意识强，仔细耐心，亲和力佳，愿意耐心沟通；
3.抗压能力强，具备较强的目标感、责任心，良好的服务意识、运营意识；
4.热爱并愿意长期投身电商行业，认同公司企业文化及发展愿意，工作地点可接受省内调配。

肯定又有人会说：这个工作肯定工资不高，就是基础岗位。那么我要告诉你，这个岗位，底薪 20 万元，还不包括奖金。

这并不是个例，你可以打开任何一个招聘网站，你会发现几乎 90% 以上的岗位都只要求全日制本科以上学历而已。本科学历不是你找不到工作的挡箭牌，硕士学历也不是你的保护伞。

一个人找工作的正确方式是，首先确定自己的职业方向，再认真研读相关岗位要求，然后通过努力满足这些要求，最后他才有获得这个职位的可能，而不是选择在学校、家里闭门造车。职场并不是你以为的那样，世界不围绕你转。

人这一辈子，最容易犯的错误，就是"认知失调"。所谓认知失调，就是你会给自己的错误认知，加上一个合理的解释，从而骗到自己。

美国著名社会心理学家利昂·费斯廷格在 1959 年做过这样一个实验。1954 年，利昂教授在明尼苏达当地报纸上发现了一条不同寻常的新闻，新闻标题是《号角星球向城市发出预言：快逃离大洪水！》，新闻的主人公叫玛瑞安·基奇。她原本是个家庭主妇，但却声称和外星人有过接触。她宣称外星人告诉她，1954 年 12 月 21 日凌晨，外星人会毁灭地球。此新闻一出，引起了轩然大波，很多人纷纷辞掉工作，跑到这位家庭主妇家中祈求保护，这位主妇摇身一变成了邪教头子。虽然利昂教授没有相信这套谎言，但是他很好奇：如果谎言被拆穿了，信徒会如何对待骗子？

　　于是他谎称自己也是忠实信徒，潜入了邪教内部。每天跟着"主教"还有信徒祷告。随着"世界末日"一天天接近，信徒们的心理状态也越来越微妙。终于到了1954年12月21日，所有信徒聚在一起，等待世界末日的到来。结果等到了大天亮，什么事都没有发生，太阳照常升起。很明显，世界末日没有到来。

　　当时利昂教授以为那个邪教头子死定了，她的谎言被拆穿了，她恐怕要被这帮疯狂的信徒围殴致死。

　　结果接下来发生的事却让教授大跌眼镜。在沉寂了几分钟以后，一位信徒突然站起来高喊："我知道了！是我们的教主，对，是我们的教主！她带领我们天天祷告，我们的诚意感动了上帝，上帝阻止了外星人，地球被我们拯救啦！"

信徒们就像一群信仰溺水者，眼看着信仰就要崩塌了，却突然找到了救命稻草。"对，就是这样，教主万岁！世界万岁！我们拯救了世界！"全场响起了这样的欢呼声。教授傻眼了，明明就是骗子说谎被拆穿，怎么又变成她拯救了世界呢？

我宁可骗自己，也不能认错。

这就是认知失调的典型表现。

新闻上那些被骗了还帮着数钱的人还少吗？身边人都在用各种方式告诉他"你被骗了"，而他依旧无动于衷。

你觉得到底是这些人智商低，还是骗子的手段太高明？

我们又何尝没有过认知失调的心理状态？女朋友每天都不回你消息了，你还在安慰自己，她太忙了；明明学习的时候总是忍不住玩手机，你还在安慰自己，这是偶尔的放松；找工作的时候总是不去解决问题，反而去找那些同样找不到工作的人发泄情绪：你看，不是我找不到，是大家都找不到。

曾经有一个学生来找我做咨询，刚开始他做自我介绍的时候，就不断地讲："我不行，没人要我，我什么都不会。"为了化解他的自卑，我问他："如果有公司让你去上班，你去吗？"

他脑袋摆得跟拨浪鼓似的："不会有公司让我去的，我什么都不会，没法去。"

我继续追问："如果有呢，你去不去？"

他又说："去了也没用，因为我什么都不会，去了没多久就会被开除。"

这就是认知失调的严重表现。他认定了自己是个废物，所以你说什么都没用。

我特别喜欢大物理学家理查德·费恩曼说过的一句话：没有人可以骗到你，只有你可以骗你自己。

我建议大家遇到问题，不要着急去解决问题，更不要陷入认知失调的怪圈，不妨客观理性地认识问题。如果你做不到客观理性，你可以找第三方人士介入其中，帮你找到真正的问题所在。

而这也是我从事职业规划行业的意义。

3. 掌握 MVP 原则，你才是职场的 MVP

《精益创业》一书中讲了一个非常重要的创业原则——MVP 原则。

MVP 不是我们常见的 NBA 比赛中的 MVP，那是"最有价值球员"的意思。在创业中遵循的 MVP 的原则，是"Minimum Viable Product"的缩写，翻译成中文就是"最小成本可行性产品"。

这是一个非常重要的创业理念，几乎所有创业成功的人，都遵循了这个理念。

我从事互联网行业十年，从来没见过一个产品，在 1.0 版本的时候次日留存只有 5%，最后能通过优化提升到 50% 留存的。

我们在做一个产品的时候，最先做的一定是最核心的功能，如果核心功能都留不住人，难道能通过边缘功能来留住用户吗？即使是靠服务取胜的海底捞，也要保证其锅底的味道是中上水平，食材也必须保证新鲜才行。

团购行业的鼻祖 Groupon（你可以理解为美国的美团）在最开始创业的时候，产品极其简单，他们自称"每日一单"：一个简单的页面，挂上去一件品牌 T 恤。原价 9.99 美元，现在团购 1.99 美元一件，如果你想购买，点击付款即可。

然后 1 万多用户下单了。这生意成了！

后来 Groupon 才开始慢慢地拓展新的 SKU（商品种类），才有了各种琳琅满目的团购商品。

让我们想一下，假设当时 Groupon 放了 5 个不同的商品上去，发现都没有用户买单，说明什么问题？

是产品功能不健全吗？是商品不吸引人吗？是物流跟不上吗？是营销推广不太够吗？

都不是，这只能说明：这个产品模式失败了，这条路径行不通，得赶紧换条路走。

我见过太多的创业者，在对待自己产品的时候总是过于执着。我理解他们把产品看成是自己的孩子，不愿舍弃的心情。他们总认为可以通过后期的优化，获得消费者的青睐，最后获得成功。

但这往往是一厢情愿的幻想。

我们不妨想一想：如果你想在小区门口开包子铺，最佳的 MVP 原则做法应该是什么？

如果是我，我就会选择支个小摊，从超市里购买一些速冻包子，在家里加热之后就拿去卖。如果包子卖得好，就说明这个小区的用户是愿意在门口购买早餐的。那么就可以继续丰富产品的种类，甚至可以尝试拓展到面条、鸡蛋等品类。如果卖得不好，就说明在这个小区门口卖早点行不通。有可能是因为这个小区的老年人多，大家都自己做早餐，也有可能是因为这个小区入住率不高，人流量不够。

千万不要有以下的想法：因为包子不好吃，我自己手工做生意就好了！他们不爱吃包子，我换成馒头试试？主要还是因为我没有店铺，他们觉得吃着不放心！

这类想法只会让你陷入无尽的试错的循环中。你可能会自己尝试做包子，甚至真的去开个店。一旦这样做，你的沉没成本就越来越多，你就再难掉头。

产品的优化是做不完的，但是产品的命运早在一开始就已经决定了。

最佳的做法就是及时止损，然后去寻找新的产品。

同样的道理，我刚开始做自媒体的时候，没有请任何员工，也没有购买摄像机等设备。我只有一个支架、一部手机，自己拍自己剪，形式就是最简单的口述。

如果我成功了，就说明这条路行得通，那么我可以去请专业的人，购买更高清的拍摄装备，都是来得及的。如果我没有成功，只能说明这条路不适合我，我可以赶紧转型做别的。

　　创业是这样，其他事情也是这样。

　　我经常建议大一大二的学生，要多去试错，因为你们时间是充足的，可以尽情寻找自己喜欢的方向。但很多人不会试错，网易有个实习生，就是一个典型案例。

　　她在来网易之前，曾在银行实习过三个月。我很好奇，她的跨度为何如此之大，从金融跳转到了互联网。有一次喝咖啡闲聊，我问她："你之前在金融圈，怎么突然想到要做互联网了呢？"

　　小姑娘不好意思地笑了："水哥，其实没啥逻辑，我也不知道自己喜欢什么，所以我准备每个行业都试一遍，反正试到哪个我喜欢，我就干那行了。"

　　"啊？"我震惊了，"这360行，你都准备试一遍？你每个行业都试三个月，万一运气不好，找了几十个行业都没找到喜欢的，你都可以退休了。"

　　她说："那怎么办，我总不能随便找个行业就干吧，也不能强迫自己干不喜欢的事吧？"

　　我说："那肯定，咱最好还是干自己喜欢的，但你没必要用这么高的成本去寻找自己喜欢的事。你需要学会用 MVP 原则去做事。其实很简单，如果是我，想要了解银行的工作我喜不喜欢，根本不用去那儿实习三个月，写简历、投简历、面试、入职、实习三个月，这成本太高了。我会直接去银行，看看那边的工作人员一天是怎么度过的，身临其境地去感受那种工作状态。如果这种模拟自己都接受不了，那真正工作的时候你就更接受不了。"

我举着手中的咖啡继续说："还有一个方法，如果是我，我会买两杯咖啡，在银行门口等着内部员工下班，看到一个面善的大哥哥大姐姐，就果断迎上去，送他一杯咖啡，然后耽误他十分钟，请教一些他们日常工作中的问题。这不比你自己瞎琢磨强多了吗？"

小姑娘哈哈大笑，觉得很有意思，然后又问："可要是人家拒绝我的咖啡呢？"

"没关系呀，一个拒绝你可以找第二个，第二个拒绝你可以找第三个，你多邀请几个，总有人会愿意跟你聊几分钟的。最坏的结果无非是浪费一天的时间，多的那杯咖啡，你可以自己喝掉嘛！"

想要掌握 MVP 原则，你要学会用好各种工具与环境。比如，你可以去问答平台上付费请教专家，这样你可以省下大量的时间和精力，所获取的答案还更准确。如果想做的事仅凭自己很难实现，你可以找合作伙伴一起完成。大家通力合作，事情也许能做得更大，钱也能赚得更多。

　　这都是 MVP 原则的实际使用场景。一个管理者让员工感到幸福的最佳方式，不是一年发一次奖金，而是每个月都有可能发奖金，这样员工的忠诚度会更高，否则大家只会选择"熬"，熬到年终奖到手直接走人。

　　希望我的读者朋友们，在选择职业赛道迷茫的时候，也能够使用 MVP 原则，这样你才能成为职场真正的 MVP。

4. 不做筛选，以诚待人

很多人认为职场全是钩心斗角，没办法交到真朋友。你为兄弟两肋插刀，兄弟为了利益插你两刀，这种惨痛案例在职场中比比皆是。

我不否认这种情况的存在，我也被人在背后捅过刀子。但我仍然相信职场有真朋友，而交到真朋友的关键在于，你不要做筛选。

我有个很好的兄弟，绰号小楼。当时我出任蝴蝶互动CEO，而蝴蝶互动的所有云服务都采购自百度云，小楼是我当时的乙方。

小楼对我非常客气，这很正常，可是我后来跳槽到了网易，网易的云服务我根本插不上手，小楼依然会来杭州看望我，对我与原来别无二致。后来我选择出来创业，创办了一家 MCN 公司，专注于帮助大学生寻找到职业方向。这意味着我这辈子可能都用不上云服务了，毕竟做咨询、职业培训、求职推荐，并不需要服务器。可是小楼还是会来苏州看我，该喝酒喝酒，该吃饭吃饭，这让我很不好意思。买单的时候我们经常争抢，小楼并没有因为我今时今日不是大公司CEO而冷落我。他原来什么样，现在还是什么样。

人是喜欢贴标签、做筛选的动物。这个人有用，我就表现得恭敬；这个人没用，我就表现得倨傲。每个人都不傻，如果你是这样的人，自然交不到真正的朋友。

我曾经也是这样的人，会用有色眼镜去看待身边的人，给大家打分：这个有前途，那个没前途，这个我能用，那个我用不了……直到我踩上一个大坑。

2018年，是我人生中最膨胀的一年，也是我犯错最多的一年。经历了2017年首次创业的阵痛，我公司的业绩迎来井喷。在我创业的第二年，我们的营收首次突破了一亿元大关，月营收达到2000万元。

那个时候的我，年仅29岁，目空一切，眼高于顶。当时我的人生信条恐怕就是：天空才是我的极限，只要我想我就能。

出差必须坐头等舱，住宿必须住5星级酒店，每天都是纸醉金迷、觥筹交错。有一天，一位落魄多年的好友发消息给我："水哥，晚上有空不，约个饭呀？"

我直接答道："没空，我晚上约了×××等几位大佬一起吃饭，不方便带上你。"

他继续说："没事，那你吃完饭之后呢，咱们约了聊聊？"

我只好回复他："行吧，我住在×××酒店，你到那儿来找我吧。"

那天晚上我和我当时的兄弟们推杯换盏，吃到了晚上10点多。等我回到酒店，走进大堂，发现我的落魄朋友还在大堂会客区等我，我才想起来还有他这么个人。

对方并未怪罪我，他知道我忙，寒暄几句之后，就挑明了来找我的目的——想让我投资他创业。

当时我十分不客气地对他说："什么新媒体啊，抖音啊，这能挣钱吗？兄弟啊，不是我说你，你这一天天瞎琢磨这些乱七八糟的，不如到哥这儿来吧，我高低给你个小组长干干，一年也能挣小几十万吧！"

虽然对方面露难色，我却觉得自己没错，甚至为此感到扬扬得意——虽然我功成名就了，但我还不忘拉这帮兄弟一把呢！

现在回过头来想这件事，我真想扇当时的自己一个大嘴巴子。

这位朋友并没有因为我的拒绝而放弃，持续在这个行业深耕。2020年，他踩上真正的风口乘风而上，成为细分行业顶流，年入过亿，估值超过十个亿。

如果当初我投资他 100 万，如今我就拥有了 1 个亿。我因为我的骄傲错过了 1 个亿。

每次我和别人讲这个故事的时候，对方都会问我，你是因为那 1 个亿而痛心吗？如果我说我不在乎肯定是假的，但更让我痛心的是，我当初怎么是这样一个人！我明明可以去帮助他创业，但我却选择了冷嘲热讽，出言相讥。我可以认真和他探讨业务，帮他介绍行业资源，但我却没有这样做，而这些当初对我仅仅是举手之劳。

吸取了那次的教训之后，我开始平等地对待每一个人。你是大佬，我尊敬但不攀附；你是小兄弟，我真心相帮，也不居功自傲。如今我的学员遍布全国，只要他们有需要都可以来找我，在我能力范围内，我都会竭尽所能。

只要有一个人成大器，我的命运也会随之改变。而你永远不知道谁能成大器，所以别做筛选。

除了不要做筛选，真诚对待每一个人以外，还有一件事，就是改善自己的说话方式。

"良言一句三冬暖，恶语伤人六月寒。"有些人说话难听，情商低，这是一件很难短期内改变的事情，但有一件事却可以立竿见影。那就是：学会夸人。

很多人不会夸人。有些人特别善于发现别人的缺点，从来无法发现别人的优点。这种人往往没朋友。还有一些人虽然会夸人但总是有所图。前者很容易没朋友，后者也会被人发现他的虚伪之处。

很多人不知道怎么夸人，比如说某个领导夸奖员工，最近工作很努力，对待项目认真负责，业绩表现很好。这明明是一种认可，但是，偏偏要加一个词：但是。

"但是"这两个字一说，可以说是前功尽弃。员工心里想的是：你这个老狐狸，前面铺垫了这么多，就是为了后面批评我，说吧，今天又要挑我什么刺？

长此以往，员工就容易形成这样的思维惯性：只要领导找我谈话，我不听他前面说了什么花言巧语，专门等着"但是"这个转折，就看他能说出什么花来。

这种情况下，激励员工的效果可以说是大打折扣，可能还不如不夸呢。

那应该怎么做呢？我认为要夸奖就纯夸奖，要批评就纯批评。

你想要拉近与一个人的关系，和他走得更亲密，夸就完了，不要瞎给什么建议。你又不了解他，怎么能胡乱给别人建议呢？你可能是好心，却很容易适得其反。

当你想要批评朋友的时候，就直接批评，不要做太多铺垫，你不妨直说："兄弟，有件事我想跟你交流一下，这么做是不是更合理？"直接说出你的疑惑和建议。这样直接的沟通方式反而更显真诚。

　　不做筛选，没有套路，善于发现身边每一个人的优点，你的职场朋友才会越来越多。

5. 别让"确定性"困住你

这个世界是不确定的。

假设一个 500 年前的人穿越到今天，我猜他大概率会被吓尿！

我们习以为常的一切在他看来都是只有他那个时代的神才能制造的神迹。

但同样是穿越 500 年，假如一个公元 1022 年的人穿越到 1522 年，他受到的惊吓就会少很多。

因为世界的发展，不是线性的，而是指数型的。社会学家把这种情况叫作：人类吓尿指数（人类平均多少年会被吓尿一次）。

让我们来看看这张图。

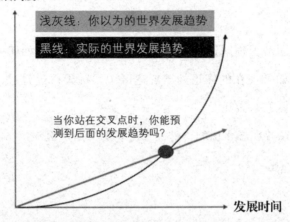

发展高度

浅灰线：你以为的世界发展趋势

黑线：实际的世界发展趋势

当你站在交叉点时，你能预测到后面的发展趋势吗？

发展时间

正因为世界呈指数级变化，所以你根本无法预测未来。

就像你看到一个矮个儿的孩子，认为他不适合踢球，但你没想到他长大后会成为梅西。

就像你无法解释为什么"字母哥"阿德托昆博可以拿到NBA常规赛、总决赛MVP，他可是16岁的时候才开始练习篮球。

很多人的问题就在于，他们很难意识到这个世界是不确定的，总觉得这个世界上的事情是可以计算的。

职场上最大的误区就在于很多人过于追求稳定，认为稳定压倒一切，所以要考公务员，要进国企。他们往往会因此失掉其他好的工作机会。

那么，你们是不是也经常陷入追求稳定、确定的心态当中呢？

你是否理解这个世界是不确定的？你打算如何去面对它呢？如果现在的你正处于舒适区中，每天得过且过，你下一步打算怎么做呢？

畅游在温水里的青蛙，等待它的又是什么呢？

第四章

如何正确规划
自己的发展路径

1. 减少可替代性，打造你的稀缺性

我们要怎样才能过上理想的生活？

这个问题困扰了我很久，有一天我突然想通了：稀缺性和不可替代性的程度，决定了你能过上什么样的生活。

不知道你有没有发现，依靠体力劳动的农民工的工资开始上涨了。

如果调研一下现在月嫂的薪资，你会发现一线城市的月嫂月薪最低也要 2 万元以上，即使是在三四线城市，月嫂月入过万也是常态。

曾经学历、知识背景不占优势的人，因为在市场中的稀缺性，得到了比大学生更高的收入。

其实 2016 年，我国的高考录取率就达到了惊人的 81% 以上。这是什么概念？就是你只要打败 19% 的人，就有大学可上。

一方面是学历稀缺性降低，另一方面，社会对蓝领工人的需求不断增加，现在出现了高薪难求蓝领工人的情况。

也就是说，稀缺性与可替代性共同决定了你的"出路"。

我们无法决定我们出生时家庭的财富与地位，那么我们应该如何靠自己的努力获取高稀缺性和高不可替代性呢？

2012年我刚毕业那段时间，有个从来没写过代码的朋友报名参加了一个主攻安卓开发的速成培训班。3个月后，他从基础班毕业，找到了月薪3万的工作。而那时的我，虽然也从事互联网行业，每个月的收入只有8000块。

同行业也可以待遇不同。

行业决定了你的稀缺性，而岗位决定了你的可替代性。

10年前，懂得互联网的人不多，会编程的程序员更少，会手机软件编程的更是稀缺。互联网的蓬勃发展，让社会人才的供给完全跟不上行业发展的需求，我也因此乘上了这次东风，直到今天。而互联网内部，门槛相对较低的行政、人事、运营、市场等工作岗位，由于可替代性较强，他们薪酬的上涨幅度要远远落后于同行业的程序员。而程序员内部也开始出现很大差异，比如今年校园招聘里较为热门的招聘岗位基本集中在算法领域。这也是近5年字节系产品的强势崛起，加大了对算法推荐赛道的程序员的需求导致的。

曾经，研究生能找到更好的工作，是因为研究生学历具备一定的稀缺性。而现在由于研究生人数不断攀升，其稀缺性优势也在逐渐丧失。

这就要求你能对未来从业方向做出精准判断。比如，你是否能找到一个未来趋势好、现在发展缓慢（甚至是没有发展）、懂的人又少的行业？

2. 学会等待自己的"估值上升"

我曾经很苦恼。

那是我在腾讯的时候，2015年底，我们的项目开始逐渐有了起色。整个项目组的气氛变得越来越好，但我的心态却开始有了一些变化。当时我的烦恼是："我明明是团队主力，为啥挣不到团队中最多的钱？"

这种困扰一直缠绕着我，虽然我心里不断地安慰自己，不要在乎眼前的得失，不要忘了自己是个老板。但深夜回家之时，走在寂静的小区里，我总是忍不住问自己：我真的能做老板吗？今天的付出真的会有回报吗？

直到T总的出现，我才真正摆脱了对自己的质疑。

T总是我部门的总经理。当时我们公司有一个不成文的惯例，总经理每个月都要搞一次员工午餐会，总监以下级别的职员也可以参加。于是我抓住了一次机会，参加了午餐会。

午饭后，我主动找到T总，邀请他一起去喝杯咖啡。在咖啡厅，我迫不及待地问 T 总："T 总，我想了解下您是怎么看待我的？"

T 总肯定了我过往的业绩，基本是以表扬为主。于是我顺势问："如果部门和您都觉得我可能是团队里最优秀的，那为什么我拿不到最高的薪水呢？"

T 总笑了，说："其实早几年，我也有你这样的困惑，为什么我的业绩这么好，却拿不到最多的钱？后来我释怀了，因为每个人都是一只股票，你必须关注你的内在价值，而不是你的价格。"

我很疑惑，这是什么意思？T 总继续说："股票有涨有跌，一天的波动会在 10% 到 20% 之间，有些市场的股票，可能一天波动在 50% 以上，但这都只是价格！这个世界上并不存在任何公司，一天突然变好 50%，或者突然变差 50%。如果你是一个上市公司的老板，你需要更多关注的是你公司的内在价值有没有变得更好，而不是今天股票是涨了还是跌了。"T 总停顿了一下，继续说道，"因为价格总会回归到价值附近，只要你拥有了价值，你就会有匹配的价格。"

请记住这句话：当你拥有了价值，就会有人为你匹配价格。

"今天的大公司，包括腾讯在内，价格反馈机制是略微

150

僵化的，是偏慢的。我们不可能根据你的价值立马为你匹配价格，也就是薪酬。但你要相信，只要你的价值不断扩大，A公司不给你，B公司也会给你，因为市场是流动的，当你出现价值洼地的时候，钱就像水一样，涌向洼地。同样的道理，如果你今天拿到的是溢价合同，也就是说你的价值不大，但领取的薪酬却很高，这只是运气。运气是很难持久的，你靠运气挣到的钱，迟早会还回去。"

我听完这段话，七分相信，三分怀疑。后来发生了这样一件事。

2016年，我们的项目做得更好了，全年营收超过5个亿，我也成功晋升到了高级产品经理。但当时，我的薪酬仍不算高，一年50万以上。当时我安慰自己要继续努力，把一切交给市场和时间。

2016年下半年，一个数年未见的老友突然给我发信息，说他来深圳出差了，想约我共进晚餐。我欣然接受，早早下班，前往赴宴。

我清楚地记得，那顿饭我们吃的是木屋烧烤。我的老友带来了一位朋友，叫Carson，是独角兽公司的一名副总裁。而他俩前来找我的目的也很明确——拉我创业。

我很激动，感觉自己当老板的梦想已经触手可得了。虽然那天晚上喝了不少酒，聊得也很开心，但当时我感觉自己的能力仍需要打磨，此时出去创业略显草率。于是第二天，我礼貌地回绝了他们的邀请，想要继续在腾讯干一段时间。再后来，他们的集团董事长几次来深圳找我，与我推心置腹、交换意见，甚至答应了我提出的三个苛刻条件，于是我终于下定决心出来创业。

我的人生自此开启了新的篇章，我成为一家创业公司的CEO，从2017年到2020年，我们的团队也扩张到150人以上，年营收从0元增长到了2亿元以上。这让我尝到了成功的感觉，也让我挣到了人生第一桶金。

而之所以能做到这一切，除了我的董事长（投资人）的支持、朋友们的帮助外，和我自己过往的积累也密不可分。

如果当年的我过分关注了价格，陷入价格匹配滞后的影响中，可能我就会因此变得焦虑、爱抱怨，也许就会选择跳槽而不是持续在业务上深耕坚守。

如今的我，开启了第二次创业的征程，我仍要求自己，要求我的团队坚持初心，这样才能让我们的价值不断提升。时至今日，我赚的钱远没有我在大厂多，但我仍然相信，只要我有绝对的价值，最后一定能拿到匹配我价值的价格。

后来，我常常把T总教我的故事讲给员工们听，也许有些人会认为我作为老板就是在灌鸡汤，搞情绪，就是不给钱还想给员工"画饼"，但我知道，相信才是最好的选择，正如我当年做的那样。

3. 明确自己的底线和根基

我曾不止一次地被问过，为什么能说创业就创业。

其实这是因为我了解我的根基。

在我创业之前，我曾和我太太认真确认过我们的家底。讨论后我们发现，即使我们未来三年没有任何收入也能维持一定的生活水准。于是，我确认了我本次创业的底线——只要不赔钱，且不用动用大笔资金，就值得尝试。

可能有人会好奇三年后我要是没成功该怎么办。熟悉我的人都知道，我的月度开销几乎在 1000 元以下。而我现在的资产水平足以维持我这辈子的基础需求。这就是为什么我能做到就算是白折腾三年也不焦虑。虽然我自己在创业，我却非常反对年轻人刚毕业就创业，因为他们的根基太脆弱，稍有风吹草动可能连饭都吃不上了。

那么，是不是说如果没有足够的资产储备就不能创业了呢？这个答案其实是否定的。只要你能做好职业规划，就能打好自己的根基。

能从事自己热爱的行业固然是最理想的状态，但一个人如果没有足够开阔的眼界，就很容易被自己眼前的事物所局限住。在面对未来的选择时，他可能会因为自己不是本科生而畏惧，也可能会因为这份工作和他的专业没有关系而不敢争取。我从事职业规划这份工作，正是希望帮助更多的年轻人打好他们的根基。

我常常会劝想要在芯片、计算机等行业发展的人选择大厂，而对想要在化工、机械等行业发展的人，我则会劝他们选择国企或央企。如果你选择的行业收入天花板较高，那么你有更大的可能在较早的时候赚到较多的钱，即使遭遇裁员，也有足够的基础平稳地度过下半生。而对于那些收入天花板较低的行业，你就需要思考如何延长你的职业寿命，平衡你的工作强度。

如今，很多人把继续深造和参加公务员考试当成自己唯一的出路。我经常苦口婆心地劝这类人，多想想万一考不上该怎么办。

很多人对此不以为意，觉得到时候再找工作就好。我曾无数次问抱有这样想法的人，到时候打算以什么作为筹码来找工作。如果没有一点根基，你将很难面对未来可能会有的失败。

4. 想要成功，先要承认失败

失败很痛苦，比这更痛苦的是承认自己的失败。

2020年4月，经历多番挣扎与痛苦之后，我将股份转让给了大股东，选择离开了我一手打造的公司与团队。

有人说挣到钱是很开心的，我并不觉得开心，把自己一手打造的公司卖掉，和卖掉自己的亲生孩子无异。你看着它一步步地长大，走到今天，它身上有你所有的精力与付出，而你却要选择将它卖掉，这该是多么痛苦的一件事情。

但是没有办法，2020年年初，我承认自己创业失败了，虽然我们的营收依然能保持在2亿元，但由于我的不成熟，还有集团文化的不兼容，我只得承认失败，离开公司。

但这并不是痛苦的终点，更加让人无法接受的是：承认自己是个无用的人。

2020年我卖掉公司股份离开的时候，我虽然承认了自己的失败，但却把失败的原因归结于很多客观因素而非自己。

我当时的想法是：我失败了，但我还会成功，而且我也不算太失败，至少挣到了第一桶金。

可真当我踌躇满志地重新踏入职场的时候，我发现我不行了。我开始变得不适应，因为过去三年多的时间里我当惯了老板，业务能力开始下降了。过去三年多，我更多的是做管理与决策，而 2020 年加入百度之后，我需要更多地去关注业务本身，我需要成为排头兵，去解决实际业务问题。这一切都让我措手不及，过去三年多曾让我引以为傲的一切从那时开始崩塌。

后来我找到副总裁，聊了一些我的困惑。也许我不太适合再去一线带团队做业务了，有没有管理与决策占比更高的工作适合我，如果实在没有，我可能就要选择离开了。

当时的副总裁晓冬哥给了我重生的机会，我有幸被调任蝴蝶互动担任 CEO。这是一个百度控股的子公司，百度的股份占比超过 70%。晓冬在百度董事会上推荐我替代身体状况不佳的凌海总（蝴蝶互动创始人，盛大游戏前总裁），代表百度去管理蝴蝶互动，争取早日扭亏为盈。

这成为我在百度为数不多的高光时刻。在我出任蝴蝶互动 CEO 的日子里，我进行了大刀阔斧的改革，公司实现了三年来的首次盈利，整体成本下降了 30%。蝴蝶互动不仅轻装上阵了，而且看起来能走得更远了。

当时，我本以为可以海阔凭鱼跃，天高任鸟飞了。然而一纸调令，我从 CEO 变成了 COO。于是，我不得不再次选择离开。在那个无助的时刻，网易向我抛出了橄榄枝，于是我加入了网易云音乐，作为高级总监负责游戏业务，直接向高级副总裁汇报。但不幸的是，在这个岗位上我没有做出任何成绩，在团队挣扎了半年多以后，我选择了离职。

连续两次的挫败让我开始自我怀疑——我是不是个废物？过往的成绩其实是因为当时我有运气？

2018 年，我第一次参与创业的公司，业绩蒸蒸日上。伴随着公司的蓬勃发展，我的工作开始变得复杂。我记得有一次每月一度的 CEO 午餐会，小伙伴问我："水哥，CEO 的工作是不是像书上说的，定战略、找方向、搭班子啊？"我当时笑得合不拢嘴，说："我原来也是这么认为的，到现在才知道，我的工作主要是'三陪'——陪聊天、陪吃饭、陪喝酒罢了。"那个时候的我，就开始思考一个问题：这样下去的意义究竟是什么？

2019 年，公司遭遇到了比较大的困难。我希望从书中获取慰藉。但是，看书这件事使我的精神内耗再也停不下来了。我想要究天人之际，通古今之变，却陷入了更大的困惑。人生最幸福的时候是极端糊涂或者极度通透的时候，当你懂得一些，又懂得不多的时候，往往感受到的只有挣扎。

知我者谓我心忧，不知我者谓我何求。

人生，难道就像一场通关游戏？我开始怀疑，人生的拼搏其实完全不值得。就算你贵为皇帝，在浩瀚的宇宙里，可能连一粒沙都算不上。所以我决定停止创业，把自己从老板变成打工仔，老板背负得太多了，打工仔才是最幸福的。这个在大多数人看来都很愚蠢的决定，却是我当时的真实想法。

后来，我的挚友老袁开解了我，他当时挂着他标志性的微笑问："所以，你的人生目标，是一直在这家公司做CEO吗？"

一语点醒梦中人。

对啊，一家子公司的CEO，况且这家公司根本就不是我的。我在痛苦什么？我的人生追求难道是这个吗？

绝对不是。

于是我马上约了我的继任者建刚吃饭，和建刚把酒言欢之后，我还在朋友圈发了两个人的合影，文案是这样的：We are partner！那顿饭后我再无耿耿于怀之心了。当时很多人私下给我发微信，感叹我心态真好。对此，我也没有去多做解释。

就算我告诉他们，我对这家公司的CEO完全没有任何留恋，又有谁会相信呢？

所以我只需要自己懂即可。

可是现在又面临了新的问题：我该去向何方？我的精神该去向何方？

原来的我，真的想做一个好的职业经理人，尽到我的本分，发挥我的价值，这对我来说已经足矣。现在似乎已经没有了这种可能性，我痛苦的是我该何去何从。

有一天亮哥约我一起吃饭。在亮哥的饭局上，他带我认识了我的师兄，诸葛辉师兄。

我向他请教了一个问题："师兄，佛讲不可妄执，可是人总有他该执着的东西，比如好的习惯就该保持，这难道也是一种妄执吗？"

师兄让我跟着他去一趟普陀山。

于是我们一行数十人，前往普陀山烧香礼佛。

同行人中，有个姓杜的师兄，他和我说："佛祖说这个世界上有七种苦，生、老、病、死，怨憎会，爱别离，求不得。你是求不得啊。你的妄执，来自执而不是妄。任何一件事，过于执，则必然产生妄。"

我开始思考我过去的种种坚持，是不是过于偏执和盲目。思考过后，我开始尝试"随遇而安"。缘分到了，你就接住，缘分走了，你不必留恋。强求总是一种执妄，是一种偏执。即使你强求的是一种看上去美好的事物。我开始阅读《道德经》，去理解什么是"道法自然"，什么是"天地不仁，以万物为刍狗"。

当我开始探究人生的意义的时候，我邂逅了这样一本书——《被讨厌的勇气》。我认识到了一个新的道理：人生价值的实现，在于自我认可，而非他人认可。

而原来的我，对自己其实是不认可的。我希望大家都说我好。我希望每个人都喜欢我。我不敢发脾气，不敢表露情绪，我害怕大家说我幼稚。这都是寻求他人认可的表现。

于是我决定再次创业。就算我终生做不出什么大的成就，也是我对自己的认可，为了实现自我满足。

于我而言，月薪3000已经让我过得足够幸福。"追求金钱"非我所求。

前几天，我团队的小伙伴和我说："水哥，现在互联网公司这么裁员，我觉得职场不值得，我真的想'躺平'了。"

我说："职场确实不值得，但你自己却值得。"

有这样一则故事：王阳明一日与友人去山中游玩，友人问他："天下无心外之物，如此花树在深山中自开自落，于我心亦何相关？"王阳明回答说："你未看此花时，此花与汝同归于寂;你既来看此花,则此花颜色一时明白起来,便知此花不在你心外。"

你不看职场,职场什么都不是;你看了它,它才在你心中。

而最重要的,是把自己放在心中,寻求自我认可。

最近自媒体平台上骂我的人越来越多了,如果没有这几年的反思磨炼,我大概率是要骂回去。在做短视频的过程中,我发现一方面可能需要怪奇的言论去制造话题,这样才能吸引到别人的注意力,而另一方面也要把真实想法说给大家听,而真实却可能因为曲高而无人在意。

以上大概是我完整的心路历程。

《报任安书》中的这样一段话与我的心路历程可以说是不谋而合:"盖文王拘而演《周易》;仲尼厄而作《春秋》;屈原放逐,乃赋《离骚》;左丘失明,厥有《国语》;孙子膑脚,《兵法》修列;不韦迁蜀,世传《吕览》;韩非囚秦,《说难》《孤愤》;《诗》三百篇,大底圣贤发愤之所为作也。"

现在,我正式开启了我的第二段创业人生:帮助年轻人找到职业方向。

但我并不过于追求什么辉煌的成就。我只是个普通人,做一点我能做的事就好。

5. 学会遵循"微笑曲线"做事

古语云：四十而不惑。而今天职场的常态却是，60 岁退休太早，40 岁找工作没人要。

而我自己并没有感受到职场危机，我身边很多朋友也没有感受到职场危机。在我离开网易之后的一年时间里，有三家公司邀请我去做 CEO，其中一家还是准上市公司。在我创业之后，我至少收到了三个以上的投资邀约，其中不乏明星投资人的邀约。

我承认这当中有幸存者偏差，也承认时势造英雄。如果不是我当年懵懵懂懂地闯进了互联网领域，享受了互联网黄金十年的发展红利，也不可能会有今天的我。可这十年里遭遇下岗失业末位淘汰的人比比皆是，大家明明在同一波浪潮，为何人与人之间的差别如此之大？

因为有的人做事遵循"微笑曲线"，有的人做事则遵循"哭泣曲线"。

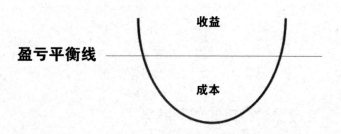

盈亏平衡线 收益 成本

这幅图展示的就是"微笑曲线"。众所周知，一个人微笑的时候，嘴角是上扬的，就像图上开口向上的曲线。盈亏平衡线将图分为上下两个部分，平衡线上方为收益，下方为成本。不难看出，在这样的函数图片里，成本是固定的，而收益却是不固定的，甚至有可能产生远超成本的巨大收益。

"微笑曲线"提示我们：你永远要去做成本可控、收益巨大的事情。

很多人可能会对此嗤之以鼻，确实，谁不想追求一本万利，但我想说真正会用"微笑曲线"的人并不多。

早几年，只要我出差去某个城市，我都会向在那个城市的微信好友发出邀约：老板，我来深圳出差了，24—26号都在的，您看什么时候有时间可以见见不？吃个饭或者喝杯茶都行。

当时我把这样的消息发给100个人，大概会遭遇95个无视、3个拉黑和2个见面机会。但我要的就是这2个见面机会！我发消息成本几乎为0，即使这100个人当中有99个人都拒绝我，只要有一个人见我，我就赚了！

我做咨询的时候，经常问学生们一个问题：你投了多少份简历？

很多人的回答都是：投得不多，大概十多份，但是都没人约面试，有点不敢投了。

那么，你不妨问问自己：你要的是1份录取通知书，还是100家公司的认可呢？

如今的招聘网站，功能十分先进齐全，你投递简历的成本是极低的。而你却不愿多投递简历给自己创造机会，恰恰是因为你在追求一一对应的确定关系，这与"微笑曲线"的核心观点背道而驰。

与此相对应的，则是"哭泣曲线"。

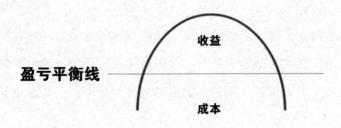

当我们不开心的时候，我们的嘴角是向下的，就像一条开口向下的曲线。在这样的函数中，收益部分是固定的，但成本却可能很大。而很多人为了追求确定性，总是习惯去做一些"哭泣曲线"的事。比如，有的人想学英语，就爱买"七天让你考过雅思""二十一天学好四六级"这样的书，学一堆浮于表面的技巧，但最后他的英语水平并没有得到什么提高。

那么在日常生活中，我们又该如何应用"微笑曲线"呢？

我们可以读书，读书的时间成本和经济成本都不高，但收益却很高，说不定你的人生就被哪句话启发了，然后发生了巨大的转变。我们可以参加论坛，论坛的时间成本和门票成本也很低，但只要你在论坛上提出一个好问题，你就有可能结交很多在这个领域有所研究的大佬，收获很多前沿的观点和知识。我们可以经营我们的朋友圈，每天花5分钟给朋友圈所有人点赞，能帮你在他人心中种下"你很友善"的种子。

今天我写这本书也是这样，我花在这本书上的时间和精力是有限的，可能和我进行一次一对一的咨询所费的时间精力相差无几，但这本书能对更多的人起到帮助，也就是说它能创造的收益是巨大的。而倘若我的某位读者因这本书的启发成了在他的领域有所建树的大人物，这本书背后的收益将更无法估量。

后 记
人工智能时代，我们何去何从

当我写这本书的时候，人工智能时代正式到来了。

过去的人工智能，就像是"狼来了"故事里的"狼"：谁都喊狼要来了，但是狼却始终没有到来。2022年11月30日，人类进程跨过了奇点，请记住这个人类里程碑式的日子。

什么是奇点？奇点是宇宙大爆炸之前宇宙存在的一种形式。跨越奇点则意味着，爆炸来临了，新的世界开始了。

这一天ChatGPT发布了。原来，真的会有一种东西，几乎全知全能，甚至比任何教授懂的都多。

我在北京和一名教授吃饭时，他不无沮丧地说："你知道吗，ChatGPT的出现多让我沮丧，你研究了一辈子的东西，它不到10秒就学会了。"

到了2023年3月，几乎所有人都认为，人工智能忽如一夜春风，它真的来了。那一刻，我感受到了危机。赫拉利在他的"简史三部曲"中的《今日简史》中写道："等你长大，可能没有工作。"

人一共有两种能力：身体能力与认知能力。过去的三次科技革命，以蒸汽机为代表的第一次科技革命，以电力广泛使用为代表的第二次科技革命，以原子能、计算机为代表的第三次科技革命，无一例外，都是在"身体能力"方面跟人类竞争。

车比人跑得快，子弹比弓箭更有杀伤力，洗衣机比人手洗更便捷。但这都不能改变一件事——人类在认知层面拥有得天独厚的优势。

这项优势意味着，对我们普通人而言，只要我好好学习，我大概率能找到一份好工作。

如今的职场竞争，几乎都是认知层面的竞争，即使是蓝领工人，都要求有一技之长，而不仅仅是出卖体力。

在这样的情况下，我们每个人的努力都是有价值的：只要我学习得更多，认知更高，我就会过得更好。

但 ChatGPT 等人工智能软件的出现，改变了这一切。

以小语种学科为例。过去英语、德语、西班牙语等，你会而我不会，就会对我形成竞争优势；可如今翻译程序已经几乎取代了笔译，翻译细分领域中的口译部分也在丢失最后的阵地。你苦学 7 年语言（本科加上硕士研究生），却抵不过 ChatGPT 几秒钟，因为人不可能快过机器。那我学这 7 年，到底是为了什么？

ChatGPT 在设计领域也有很强的优势。ChatGPT 画得比你快、比你好。还有机械专业，将来全是自动化设计与生产。一些在我们的固有认知里不会被取代的专业，也有被人工智能颠覆的风险。如果你认为我们暂时还有"有经验"这个优势，并且这个优势很难被机器替代，那么我想说，如果是之前的"人工智能"，可能你这个观点还有可能成立，但是这一代的人工智能会进化！这太可怕了。

只要机器不断学习，它的准确率会越来越高，最终趋近于 100% 正确。但再有经验的人也做不到这一点。

2013 年，牛津大学的卡尔·弗瑞和迈克尔·奥斯本共同发表了《就业的未来》的研究报告。根据他们估计，未来美国 47% 的工作会被人工智能取代，2033 年后，99% 的电话销售及保险业务员会失业，98% 的裁判员会失业，97% 的收银员会失业，96% 的厨师会失业，94% 的服务员和律师助手会失业，91% 的导游会失业……

可能有人认为我在危言耸听，比如现在有一派观点认为：人工智能确实会导致一部分失业，但是人工智能仍然需要人操纵与指挥。这会诞生出新的职业，比如，ChatGPT 操作员。

持有这种观点的人还进一步举例，虽然汽车出现的时候，马车夫全都失业了，可是他们中的一部分人学会了开车，于是他们还能上岗工作。

这个观点似乎很有说服力。能有效使用 AI 的人和不会有效使用 AI 的人有很大的差异。但我们仍不能掉以轻心，人类的天边还有另一片乌云，它正在积攒力量，随时可能变成瓢泼大雨。

这片云叫作"脑机接口"。

脑机接口（Brain-Machine Interface，BMI；Brain Computer Interface，BCI），指在人或动物大脑与外部设备之间创建直接连接，实现脑与设备的信息交换。

如果我们每个人的大脑都接入 ChatGPT 呢？我们岂不是一夜之间全变成了"全知全能"，所有人在认知层面首次实现了平等？

有人可能会认为这很难实现，然而，英伟达刚刚宣布：将芯片计算光刻提速 40 倍，2 纳米提前到来了！

以后每个人大脑里植入芯片，芯片小到肉眼看不清，却拥有强大的智慧与运算能力！乐观主义者可能为此欢呼，哇，太好了，那我岂不是会变成"超人"！但你见过一个世界全部都是超人吗？漫威的电影都不敢这么拍！赫拉利在《未来简史》中表达了他的担心：我们终将成为无用阶级。

学习没用了，你只需要装上芯片。工作没用了，因为我们干不过机器。努力没用了，人力不可能超过算法……

你是否想过，人类存在的意义究竟是什么？

我在本书撰写过程中一直强调，去做你喜欢的事、热爱的事，而不是去逃避。通过热爱赋予你的工作、你的人生以意义，才能让你拥有对抗未来一切不确定事物的勇气和力量。